W0304633

Stock
Resilienz

Dr. Christian Stock ist Facharzt für Innere und Psychotherapeutische Medizin und Leiter einer psychosomatischen Fachabteilung. Zusätzlich arbeitet er freiberuflich als Psychotherapeut, Dozent, QM-Auditor, Supervisor und Coach. Er lädt sie zu einer gemeinsamen Reise ein, um die verschiedenen Komponenten der Resilienz kennenzulernen. Diese verbindet er mit Achtsamkeitsübungen und Reflexionen.

Dr. Christian Stock

Resilienz

Mit Achtsamkeit zu mehr innerer Stärke

TRIAS

9 Resilienz und Achtsamkeit

10 Was ist Resilienz?

14 Was ist Achtsamkeit?

18 Verbindungen und Unterschiede

23 Resilienz mit Achtsamkeit üben

24 Die zehn Resilienzfaktoren

28 Selbstreflexion als Wachstumschance

42 Akzeptanz von Veränderung

52 Krisen als beherrschbar einstufen

62 Den Überblick bewahren

70 Proaktiv sein und handeln

78 Zielstrebig agieren

90 Ein positives Selbstbild fördern

100 Selbstfürsorge betreiben

108 Optimistisch bleiben

116 Netzwerke und soziale Unterstützung

128 Das Zehn-Wochen-Programm

136 Epilog

Liebe Leserin, lieber Leser,

Resilienz ist in aller Munde: Eltern, Lehrer, große Unternehmen, alle wollen die Resilienz ihrer Kinder und Mitarbeiter stärken, sodass diese mit dem zunehmenden Stress in der heutigen Welt besser fertigwerden. Achtsamkeit ist ebenfalls beliebt, ja fast zur »Mode« geworden. Beide Ansätze wollen Glück maximieren und unnötiges Leiden minimieren. Resilienz ist eher ein westliches Konzept, Achtsamkeit eher ein östliches. Im Zeitalter der Globalisierung nähern sich die beiden Konzepte aber immer mehr an, und sie können sich bei allen Unterschieden gegenseitig bereichern. Denn wer achtsam lebt, der steigert seine Resilienz wie von selbst.

Ich möchte Sie in diesem Übungs- und Reflexionsbuch einladen zu einer gemeinsamen Reise. Sie werden nacheinander die verschiedenen Komponenten der Resilienz kennenlernen. Zu jedem werden passende Achtsamkeitsübungen und Reflexionen vorgestellt. Hier verbinden sich zwei Konzepte zu einem lohnenden Ganzen. Sie können ganz konkret selbst ausprobieren, wie es ist, sich über seine Werte und Ziele klar zu werden. Oder was es bedeutet, Selbstliebe und Gleichmut zu trainieren.

Sie müssen kein Buddhist werden, um aus diesem Buch Ihren Nutzen zu ziehen. Die Achtsamkeitsübungen, wie wir sie heute kennen, sind von ihrem religiösen Ursprung abgekoppelt und haben Einzug gefunden in die moderne westliche Psychotherapie. Sie benötigen nur etwas Neugier und Offenheit – übrigens zwei Resilienzeigenschaften. Ich wünsche Ihnen viel Freude dabei!

Christian Stock

Resilienz und Achtsamkeit

Arbeit und Alltagsstress setzen uns unter Druck. Resilienz und Achtsamkeit können uns helfen, dem zu begegnen.

Was ist Resilienz?

Resilienz, die Eigenschaft, mit widrigen Umständen und Belastungen fertigzuwerden, ist keine magische Fähigkeit und kein Mysterium. Sie ist erklärbar – und auch für jeden erlernbar!

Resilienz bezeichnet die Widerstandskraft eines Menschen oder auch seine Fähigkeit, mit Widrigkeiten und hohen Belastungen umzugehen. Ein Mensch, der resilient ist, kann sich positiv und gesund entwickeln, obwohl er ungünstigen Bedingungen ausgesetzt ist. Er oder sie kann dauerhaft Stress gut bewältigen und sich auch schnell von krisenhaften Situationen erholen.

Die bekannteste wissenschaftliche Untersuchung dazu stammt von der amerikanischen Forscherin Emmy Werner (1929–2017). In der sogenannten Kauai-Studie (veröffentlicht ab 1977) begleitete sie den gesamten Geburtsjahrgang 1955, insgesamt 689 Menschen, auf einer hawaiianischen Insel über einen Zeitraum von 40 Jahren.

Ein Drittel der Untersuchten lebte mit einer hohen Risikobelastung in einem negativen familiären und sozialen Umfeld. Erwartungsgemäß entwickelten zwei Drittel dieser Personen Verhaltensauffälligkeiten. Interessanterweise gelang es dem verbleibenden Drittel, sich positiv zu entwickeln. Die Betreffenden konnten »gesunde« Beziehungen eingehen, waren optimistisch, fanden Arbeit, hatten eine geringere Sterberate, weniger Gesundheitsprobleme und eine niedrigere Scheidungsrate.

Emmy Werner leitete daraus die sogenannten »Schutzfaktoren« ab, die zu erhöhter Resilienz geführt hatten: mindestens eine emotionale Bezugsperson, ein stabiler Familienzusammenhalt, hohe Sozialkompetenz und eine positive Selbstwirksamkeitserwartung.

Risiko- und Schutzfaktoren

Wie genau kommt Resilienz zustande? Man geht davon aus, dass eine Wechselwirkung von Risiko- und Schutzfaktoren besteht, die zu Resilienz oder ihrem Gegenteil führt, je nachdem, welche Seite überwiegt.

Risikofaktoren begünstigen Krankheiten und hemmen die Entwicklung eines Kindes. Beispiele sind:

- chronische Erkrankungen
- schwieriges Temperament, zum Beispiel Ablenkbarkeit, Impulsivität
- geringes Intelligenzniveau, Minderbegabung
- unsichere Bindung im Elternhaus
- Disharmonie unter den Eltern
- psychische Erkrankung eines Elternteils
- beengte Wohnverhältnisse
- Alkoholismus oder Kriminalität im Umfeld
- chronische Armut
- häufige Wohnortwechsel
- Mobbing durch Gleichaltrige

Die Liste der möglichen Faktoren ist noch wesentlich länger. Zudem spielt es eine Rolle, ob ein Risikofaktor über längere Zeit anhält (wie Armut) oder zeitlich begrenzt ist (zum Beispiel der Tod eines Angehörigen). Entscheidend ist auch das Timing, also wann der Risikofaktor sich bemerkbar macht. Kinder sind in bestimmten Lebensabschnitten anfälliger für Belastungen (zum Beispiel beim Übergang vom Kindergarten in die Schule oder in der Pubertät). Treten mehrere Risikofaktoren gleichzeitig auf, verstärkt sich die Problematik. Auch das Geschlecht spielt eine Rolle. Jungen sind im Allgemeinen in der Kindheit anfälliger, Mädchen in der Pubertät. Belastungen werden auch unterschiedlich erlebt. So kann die Trennung der Eltern für ein Kind eine Erleichterung sein, da die anhaltenden Spannungen dadurch beendet werden. Ein anderes kann dies als großen Verlust erleben.

Kommen wir nun zum »Gegenmittel«, den Schutzfaktoren. Sie verhindern das Auftreten einer Entwicklungsstörung und/oder Verhaltensauffälligkeit oder mildern sie zumindest ab. Zu den persönlichen Ressourcen gehören:

- ein positives Temperament des Kindes
- soziale Kompetenz
- der Zusammenhalt in der Familie
- eine harmonische Beziehung der Eltern
- konstruktive Kommunikationsmuster in der Familie
- ein positives Netzwerk aus Verwandten, Freunden und Nachbarn

In den Bildungsinstitutionen wie Schule und Kindergarten spielen eine Rolle:

- positive Freundschaften
- ein wertschätzendes Klima
- klare Regeln

- kompetente fürsorgliche Erwachsene (zum Beispiel Lehrer, kommunale Angebote wie Sportvereine oder Gemeindearbeit usw.)

Wenn diese Faktoren vorhanden sind, hat ein Kind gute Chancen, positive Erfahrungen zu machen und zu lernen, mit Belastungen umzugehen. Je mehr dieser Einflussgrößen, desto wahrscheinlicher ist eine günstige Entwicklung. Eine Garantie dafür gibt es aber nicht, denn jeder Mensch reagiert auf seine Weise.

Resilienzfaktoren

Als Nächstes betrachten wir die sogenannten Resilienzfaktoren, also diejenigen Eigenschaften, die die Resilienz erhöhen. Je mehr man davon hat und je ausgeprägter sie sind, desto wahrscheinlicher ist es, dass man schwierige Lebensumstände bewältigt. Die Weltgesundheitsorganisation (WHO) benannte 1994 in diesem Zusammenhang zehn sogenannte »Life Skills«, die als besonders hilfreich gelten:

- Selbstwahrnehmung
- Empathie
- kreatives Denken
- kritisches Denken
- Entscheidungsfähigkeit
- Problemlösefähigkeiten
- effektive Kommunikationsfähigkeit
- interpersonale Beziehungsfertigkeiten
- Gefühlsbewältigung
- Stressbewältigung

Die Forscher Karen Reivich und Andrew Shatté arbeiteten sieben Einflussgrößen heraus, die die Resilienz verbessern:

- Akzeptanz
- Optimismus
- Lösungsorientierung
- Selbstregulierung
- Übernahme von Verantwortung (das Verlassen der Opferrolle)
- Netzwerkorientierung
- Zukunftsplanung

Das Team um Emmy Werner erarbeitete über die Jahre sogar 15 Einflussgrößen. Die American Psychological Association (auf die wir uns noch beziehen werden) benennt zehn Faktoren.

In den verschiedenen Katalogen gibt es Überschneidungen, Doppelnennungen, Ähnlichkeiten sowie Faktoren, die man nicht beeinflussen kann (wie zum Beispiel das erste Kind in der Geburtsreihenfolge zu sein). Die sechs wichtigsten Einflussgrößen, die sich durch die gesamte Forschungsliteratur ziehen, sind:

1. eine angemessene Selbsteinschätzung und Einschätzung von anderen
2. die Überzeugung, Anforderungen bewältigen zu können
3. Selbststeuerung (Regulation von Gefühlen und Gedanken)
4. soziale Kompetenz (sich selbst behaupten, Unterstützung annehmen, Konfliktfähigkeit)
5. die Fähigkeit, Probleme zu erkennen, einzuschätzen und zu lösen und sich Ziele zu setzen

6. die Fähigkeit zu bewerten, ob man einer Aufgabe gewachsen ist oder nicht (und sich Unterstützung holen muss), das heißt letztlich auch die Kenntnis eigener Stärken und Schwächen

Resilienztest

Möchten Sie herausfinden, wie es um Ihre Resilienz bestellt ist? Dazu gibt es mehrere Tests. Am bekanntesten ist die Resilienzskala von Wagnild und Young aus dem Jahr 1993, die es in einer Lang- und Kurzform gibt.

Im folgenden Selbsttest kreuzen Sie auf einer Skala von 1 bis 5 an, ob die Aussage auf Sie zutrifft oder eben nicht. Eine 1 entspricht einem Nein (also stimmen Sie nicht zu). Eine 5 entspricht einem Ja (Sie stimmen also völlig zu). Dazwischen gibt es Abstufungen.

Die Auswertung ist relativ einfach, ein hoher Punktwert entspricht einer eher höheren Resilienz und umgekehrt.

Die gute Nachricht: Man kann die persönliche Resilienz steigern. Machen Sie den Test daher ruhig in einem Monat noch einmal und vergleichen Sie die Ergebnisse. Nehmen Sie es auf keinen Fall schwer, wenn Sie nur einen niedrigen Durchschnittswert erzielt haben. Der Test ist nur ein Anhaltspunkt. Umgekehrt heißt ein hoher Wert nicht, dass Sie sich auf Ihren Lorbeeren ausruhen können. Die nächsten Herausforderungen kommen bestimmt. Es lohnt sich also auf jeden Fall, sich vorzubereiten!

Test: Wie resilient bin ich?					
1. Ich lasse mich nicht so schnell beirren und halte Rückschläge gut aus.	1	2	3	4	5
2. Ich habe meistens genug Energie, um meine Aufgaben zu bewältigen.	1	2	3	4	5
3. Ich bin mit mir zufrieden.	1	2	3	4	5
4. Ich muss nicht von allen gemocht werden.	1	2	3	4	5
5. Es ist für mich okay, wenn auch mal etwas schiefgeht.	1	2	3	4	5
6. Ich bleibe an meinen Zielen dran, auch wenn es lange dauert.	1	2	3	4	5
7. Ich bekomme das meiste irgendwie hin.	1	2	3	4	5
8. Ich habe schon so manche schwierige Situation gemeistert.	1	2	3	4	5
9. Ich lasse die Dinge auf mich zukommen.	1	2	3	4	5
10. Ich kann mich auch zu Arbeiten überwinden, die ich nicht so toll finde.	1	2	3	4	5

Was ist Achtsamkeit?

Achtsamkeit ist ein Konzept, das aus der östlichen Kultur nach Europa gekommen ist – es bezeichnet die Fähigkeit, ganz im Hier und Jetzt präsent zu sein.

Es gibt viele Definitionen von Achtsamkeit. Die, die mir persönlich am besten gefällt, ist:

» *Wahrnehmung des gegenwärtigen Augenblicks mit Akzeptanz.* «

Achtsamkeit bedeutet, im jetzigen Moment präsent zu sein, ohne sofortige Reaktionen, ohne Gedanken an die Zukunft oder Vergangenheit und ohne die Situation abzulehnen.

Die historischen Aufzeichnungen zum Thema sind mehr als 2500 Jahre alt, aber nach wie vor aktuell bzw. »zeitlos«. Der historische Buddha sprach ursprünglich von den vier Grundlagen der Achtsamkeit, nämlich Achtsamkeit auf den Körper, auf Gefühle und Empfindungen, auf den mentalen Zustand und auf die sogenannten Geistobjekte, also alles, was man mit den Sinnen wahrnimmt, und alles, was einem im übertragenen Sinne »durch den Kopf geht«.

In den 1970er-Jahren interessierten sich einige westliche Psychologen für die Achtsamkeitstechniken und führten erste wissenschaftliche Untersuchungen damit durch. Relativ schnell wurde klar, dass Achtsamkeitsübungen im medizinischen und psychologischen Bereich einsetzbar sind, um zum Beispiel Menschen mit Depressionen, Ängsten oder Schmerzen zu helfen. Auch in Unternehmen werden zu Stressbewältigung, Entspannung und Verbesserung der Kommunikation inzwischen Achtsamkeitsseminare angeboten.

Dank einer Vielzahl von Meditationslehrern, die in den 1960er-Jahren nach Amerika und Europa gekommen sind und dort Achtsamkeitstechniken gelehrt haben, ist das Wissen darüber inzwischen allgemein zugänglich. In fast jeder größeren Stadt findet man Zentren für Achtsamkeitsmeditation und im Internet kann man sich Lehrreden und Unterweisungen von hoher Qualität ansehen. Allerdings hat dies zur Kommerzialisierung und auch zu einer gewissen Beliebigkeit geführt; Achtsamkeit ist quasi Teil der Popkultur geworden.

Grundprinzipien der Achtsamkeit sind:

- nicht beurteilen
- Geduld
- Offenheit/Neugier
- Präsenz in der Gegenwart
- nicht festhalten/klammern
- Akzeptanz
- Loslassen

Achtsamkeit und Achtlosigkeit

Buddhismus und westliche Psychologen und Ärzte haben gemeinsam: Sie wollen unnötiges Leiden mildern. Das Hauptziel des Buddhismus ist sogar das völlige Beenden des Leidens. Ziel ist es, durch Meditation und eine gesunde Lebenseinstellung zu einer Geisteshaltung zu finden, die mit den Begriffen Wohlwollen, Mitgefühl, Freude und Gelassenheit beschrieben wird.

Tatsächlich sind wir im Alltag oft das genaue Gegenteil von achtsam, nämlich »achtlos«. Denken Sie einmal an Ihren eigenen Alltag – sicher fallen Ihnen Beispiele ein. Wie oft stößt man sich, fällt einem etwas herunter, vergisst man etwas, hastet man von einer Aktivität zur nächsten, ohne sich ganz darauf zu konzentrieren?

Das liegt daran, dass unser Verhalten hochgradig automatisiert und unbewusst ist. Viele unserer täglichen Tätigkeiten erledigen wir »im Schlaf«, weil wir sie schon zigmal gemacht haben. Erinnern Sie sich noch an Ihre ersten unbeholfenen Fahrstunden? Heute fahren Sie im wahrsten Sinne des Wortes auf »Autopilot« und können sich beim Fahren noch unterhalten oder Radio hören.

Automatisiertes, unbewusstes Verhalten ist also nicht grundsätzlich schlecht, weil es uns den Alltag erleichtert. Es kann jedoch auch dazu führen, dass wir den Kontakt zu uns selbst verlieren und nur noch »funktionieren«, eben wie ein Automat. Durch mangelndes Bewusstmachen der Situation, in der wir sind, fehlt uns oft die Distanz, diese wertfrei zu beurteilen, was zu Stress, Negativität und entsprechenden Folgeerscheinungen führt. Anstatt bewusst zu agieren, fühlt man sich den Situationen eher ausgeliefert. Achtsamkeit schützt uns dagegen.

Zudem gehören auch schlechte Gewohnheiten zum automatisierten, unbewussten Verhalten, wie falsche Ernährung, wenig Bewegung, Konsum von schädlichen Substanzen oder negative Verhaltensmuster wie Aggressionen, Schüchternheit, übertriebener Egoismus usw. Solchen Gewohnheiten kann mit mehr Achtsamkeit begegnet werden.

Auch wenn sich in unserem Leben etwas ändert (zum Beispiel ein Jobwechsel), müssen die Automatismen neu angepasst und überprüft werden, wir benötigen mehr Achtsamkeit und müssen uns eventuell von alten Gewohnheiten trennen. Das heißt jedoch nicht, dass man sich in ruhigeren Lebensphasen entspannt zurücklehnen kann – vielmehr sollte man sie nutzen, um sich in puncto Achtsamkeit weiterzuentwickeln und zu üben, um für die nächste Krise gewappnet zu sein.

Achtsamkeit hilft uns, in uns selbst einzutauchen und uns über uns selbst bewusster zu werden. Sie bewirkt eine tiefere Einsicht in unsere Persönlichkeit und unsere Lebensumstände, die zu einer Neuausrichtung und generell zu einem tieferen Verständnis unseres Lebensweges führen und im Idealfall eben zu einem Leben mit weniger Leiden.

Achtsamkeitstest

Hier habe ich (ähnlich wie oben) einen kleinen Achtsamkeitstest für Sie. Kreuzen Sie auf einer Skala von 1 bis 5 an, ob die Aussage auf Sie zutrifft oder eben nicht. Eine 1 entspricht einem Nein (also stimmen Sie nicht zu). Eine 5 entspricht einem Ja (Sie stimmen also völlig zu). Dazwischen gibt es Abstufungen.

Die Auswertung zeigt auch hier nur einen Trend. Je höher der Punktwert, desto wahrscheinlicher ist es, dass Sie sich im Autopilotmodus befinden, und Achtsamkeit würde bedeuten, bewusst, gelassen und ruhig an eine Situation heranzugehen, voll in der Gegenwart zu sein, ohne große Bewertung und Kritik. Sie würden es unterlassen, sofort in den »Problemlösemodus« zu verfallen, sondern eine Situation zunächst auf sich wirken lassen.

Achtsamkeit kann unterschiedlich intensiv geübt werden. Das Spektrum reicht vom täglichen Innehalten für nur ein paar Minuten über die bewusste Pause und/oder einmal in der Woche Yoga bis hin zum täglichen Üben von 15 bis 45 Minuten oder intensiver Meditation auf einem Wochenendlehrgang. Unterschiedlich tief sind dann auch die Effekte. Es beginnt mit bloßer Entspannung, kann aber mit zunehmender Übung in unser tägliches Verhalten ausstrahlen, sodass man nicht mehr automatisch und impulsiv reagiert, sondern die Distanz behält. Die wertende, urteilende und (selbst-)

kritische Grundhaltung nimmt ab, die Akzeptanz nimmt zu. Man ist öfter bei sich selbst und weniger abgelenkt. Körperbewusstsein und Intuition wachsen.

Geht man noch weiter, entwickelt sich das sogenannte »Beobachterbewusstsein«. Man erforscht seine Innenwelt unter dem Vergrößerungsglas und wird Zeuge der Wechselhaftigkeit von Stimmungen und Gedanken. Bei tiefer Meditation kann man beobachten, wie sich die Gedanken aneinanderreihen, auftauchen und wieder verschwinden. Wir werden Zeuge, wie unser Gehirn aus unseren Sinneseindrücken unsere Erfahrungen konstruiert und zusammensetzt. Unsere Vorstellung von uns als eine fixe Persönlichkeit mit festen Charaktereigenschaften wird dabei relativiert und gelockert. Wir erkennen unsere Veränderbarkeit und können über die Geschichten, die das Gehirn uns über uns und die Welt erzählt, herrlich schmunzeln.

Der amerikanische Forscher Jon Kabat-Zinn, der durch sein Acht-Wochen-Schulungsprogramm MBSR (Mindfulness-Based Stress Reduction – Achtsamkeitsbasierte Stressreduktion) in den 1980er-Jahren bekannt wurde, hat die Achtsamkeitsübungen kombiniert mit Yoga von ihrem philosophischen und religiösen Hintergrund abgekoppelt und die Übungen ganz pragmatisch bei psychosomatischen Patienten eingesetzt. Man muss also kein Buddhist werden, um Achtsamkeitsübungen zu praktizieren. Wer Interesse hat an dem philosophischen Hintergrund der Übungen, ist natürlich frei, dem weiter nachzugehen.

Wie achtsam bin ich?					
1. Ich erledige meinen Alltag oft gehetzt und unter Zeitdruck.	1	2	3	4	5
2. Ich mache viele Pläne und denke viel über die Zukunft nach.	1	2	3	4	5
3. Ich versuche unangenehmen Situationen eher auszuweichen.	1	2	3	4	5
4. Ich kann Situationen nicht so lassen, wie sie sind, und habe den Impuls einzugreifen.	1	2	3	4	5
5. Ich erledige viele Aufgaben ganz automatisch und »funktioniere« nur.	1	2	3	4	5
6. Es fällt mir schwer, mit den Gedanken bei einer Sache zu bleiben.	1	2	3	4	5
7. Ich bin sehr kritisch und sehr streng mit mir.	1	2	3	4	5
8. Ich bin in Gedanken viel in der Vergangenheit.	1	2	3	4	5
9. Im Nachhinein würde ich gerne Situationen noch nachträglich ändern.	1	2	3	4	5
10. Ich bin oft total gelangweilt, weil »nichts« passiert.	1	2	3	4	5

Verbindungen und Unterschiede

Achtsamkeit und Resilienz sind Konzepte, die sich keinesfalls ausschließen – sie können vielmehr in eine gesunde Wechselwirkung gebracht werden.

Wo liegen nun die Gemeinsamkeiten, wo die Abweichungen der beiden Konzepte? Man könnte nach dem bisher Gesagten vermuten, dass sich Resilienz durch Achtsamkeit verbessern lassen müsste. Umgekehrt wäre auch zu erwarten, dass resiliente Menschen achtsamer mit sich und ihrer Umwelt umgehen. Gehen wir dem nach.

Die Forschung in diesem Bereich ist noch relativ jung, aber rege. Während es im Jahr 2000 insgesamt nur 21 Studien zum Thema gab, waren es in 2013 schon rund 550. Forschung gab und gibt es zum Beispiel bei Angestellten im Gesundheitsbetrieb (Ärzte, Krankenschwestern, Sozialarbeiter), die durch Achtsamkeit und Selbstmitgefühl u. a. ihren Schlaf (Mitarbeiter in diesem Bereich leiden oft unter Schlafstörungen) und ihre Resilienz verbesserten. Weitere Untersuchungen bei Studenten, bei Lehrern und Schülern stellten zum Beispiel ein durch Achtsamkeit verbessertes Selbstwertgefühl und eine verbesserte Lernfähigkeit fest.

Weitere Studien untersuchten die durch Achtsamkeitsmeditation erworbene Resilienz bei Feuerwehrleuten und bei Soldaten, die oft durch ihre Einsätze traumatisiert werden. Bei Letzteren wurde u. a. neben den bereits genannten Faktoren auch der Aspekt der Akzeptanz untersucht (da sie oft in Situationen kommen, die sie nicht mehr ändern können). Schließlich gibt es natürlich auch Studien in Unternehmen, in denen Arbeits- und Organisationspsychologen untersuchten, wie Achtsamkeit die Resilienz, die psychische Gesundheit und das Arbeitsengagement beeinflusst.

Alle Studien zeigen positive oder ermutigende Ergebnisse durch Achtsamkeitsmeditation im kognitiven, sozialen und psychologischen Bereich. Beispiele sind Verbesserungen der Aufmerksamkeit und Konzentration, im Lernverhalten (Schüler und Studenten), im Sozialverhalten (Umgang miteinander), in der Emotionsregulierung (Gefühlsbeherrschung) und im Bereich des Selbstwertgefühls bzw. des Selbstbewusstseins. Psychische Belastungsfaktoren wie Ängste, Stress und Ermüdung nahmen deutlich ab.

Gesichert ist wissenschaftlich u. a., dass Achtsamkeit Ängste und Depressionen reduziert, die kognitive Leistung verbessert, eine bessere Körperwahrnehmung und Selbstannahme schafft und Ablenkungen reduziert. Es ist inzwischen nachgewiesen, dass sich nach einem achtwöchigen MBSR-Training sogar Hirnstrukturen und Aktivitäten im Gehirn positiv verändern. Hirnareale, die für die Emotionsregulation, Perspektivenwechsel, die Neubewertung einer Situation, Lernen und Gedächtnis sowie für die Selbstwahrnehmung zuständig sind, verändern sich.

Arbeits- und Organisationspsychologen sind besonders an dem Thema interessiert, weil der Stress im Berufsleben in den letzten Jahren immer mehr zugenommen hat. Psychologisch bedingte Krankschreibungen werden immer häufiger. Entsprechend wird viel Zeit und Geld in Präventionsprogramme gesteckt, um Mitarbeiter zu schützen und sie belastbarer zu machen. An einer militärischen Hochschule in den USA wurde in den 1990er-Jahren in diesem Zusammenhang der Begriff VUCA geprägt, eine Abkürzung für die zunehmende Komplexität und »Verrücktheit« der Welt. Die einzelnen Buchstaben stehen für volatility (Unbeständigkeit), uncertainty (Unsicherheit), complexity (Komplexität) und ambiguity (Widersprüchlichkeit) der Welt nach dem Ende des Kalten Krieges.

Der Begriff wird zunehmend in der Wirtschaft benutzt, um zu zeigen, wie sehr sich die Welt durch die Globalisierung, technische Veränderungen und die modernen Medien (Internet) verändert hat. Prozesse in der Arbeitswelt verdichten sich, Veränderungen kommen in immer kürzeren Abständen, die digitale Welt verändert sich ständig, Mitarbeiter stehen immer mehr unter Druck, werden mit Informationen überschüttet und die sogenannte Work-Life-Balance geht verloren. Auch Ihnen fallen bestimmt Beispiele ein, wie unsicher, widersprüchlich und komplex die Welt in den letzten Jahrzehnten geworden ist.

Da die Belastungen offenbar zugenommen haben, ist es nur konsequent, dem Stress etwas entgegenzusetzen. Doch Vorsicht ist geboten, denn leicht können Resilienzschulungen als »Reparatur-

Die fünf grundlegenden Gebote der Achtsamkeit
nicht lügen
nicht stehlen
ethischer Umgang mit Sexualität und Liebe
keine Drogen und achtsamer Umgang mit Konsumgütern
nicht töten und nicht verletzen

betrieb« verstanden werden nach dem Motto: Wenn die Belastungen steigen, steigern wir einfach »ein bisschen« die Resilienz und dann passt es wieder. Hier kommt nun die Achtsamkeit ins Spiel, die eine ausgeprägte Ethik vertritt und derartige Manipulationen durchschaut. Es wäre unethisch und »Trickserei«, Achtsamkeitsübungen zu missbrauchen, um Menschen noch belastbarer zu machen, damit sie das tägliche Hamsterrad besser bewältigen. Das wäre überhaupt nicht ganzheitlich gedacht und würde die Probleme nur abdämpfen. Stattdessen besteht die große Chance darin, sich über die Achtsamkeit wieder auf Prinzipien wie Wachheit, Intuition, Freundlichkeit, Ehrlichkeit, Gelassenheit, Herzlichkeit und einen achtsamen Umgang mit Ressourcen und Konsumgütern zu besinnen (siehe auch die Gebote der Achtsamkeit). Wobei selbstverständlich nichts dagegen einzuwenden ist, sich vor dem sprichwörtlichen »alltäglichen Wahnsinn« besser zu schützen und nicht unnötig zu leiden. Hier kommt es auf die Ausgewogenheit der Maßnahmen an. Dazu werden wir noch kommen, wenn wir über das rechte Maß und Gleichmut sprechen.

Eine andere Gefahr bei der Praktizierung der beiden Prinzipien besteht darin, dass man sich nicht mehr um Rahmenbedingungen kümmert und Veränderungen im Außen unterlässt (wie zum Beispiel Klimapolitik oder Qualitätsmanagement), weil man sich zu sehr darauf verlässt, dass man ja die innere Haltung durch (genügend) Resilienz beeinflussen kann.

Wie schon weiter oben festgestellt, sind sowohl Achtsamkeitsvertreter als auch Resilienzforscher daran interessiert, dass Menschen besser mit Stress umgehen können, Belastungen besser standhalten bzw. sich schneller davon erholen und weniger leiden müssen. Beide Prinzipien klammern auch Negativität nicht aus, sondern sind sich klar darüber, dass es im Leben immer zwei Seiten gibt, nämlich Licht und Schatten. Beide versuchen, den Umgang mit Leiden zu erleichtern. Weder Resilienz noch Achtsamkeit plädieren dafür, eine rosarote Brille aufzusetzen und sich alles »schönzureden«. Es wäre naiv, so zu tun, als gebe es keine Probleme und man müsse nur die richtige Technik anwenden, um sich vor allen Widrigkeiten zu schützen. Glauben Sie bitte nicht, dass Sie nur ein paar Achtsamkeits- und Resilienzübungen benötigen und dann in Zukunft nie wieder Probleme haben werden! Im Gegenteil, wenn Sie sich schonungslos mit sich selbst auseinandersetzen und beschäftigen, werden Sie vielleicht sogar erschrecken, welche Eigenschaften Sie auf einmal bei sich entdecken, die Ihnen gar nicht so lieb sind. Aber keine Angst! Gerade dazu ist die Achtsamkeit ja da, damit Sie lernen, mit Ihren Schwächen besser umzugehen. Im Verlauf des Buches erfahren Sie, wie das im Einzelnen geht.

Resilienz mit Achtsamkeit üben

Lernen Sie, wie Sie dem Leben mit ganz neuer Stärke und einer veränderten inneren Haltung begegnen können und so zufriedener werden.

Die zehn Resilienzfaktoren

Die zehn Resilienzfaktoren führen uns wie ein roter Faden durch das restliche Buch. Praktische Übungsanleitungen helfen Ihnen, das Gelernte umzusetzen.

Es ist so weit: Es geht an die praktische Arbeit. Schauen wir uns zunächst konkret die zehn Resilienzfaktoren an, die die APA (American Psychological Association, der Fachverband der amerikanischen Psychologen) zu entwickeln und zu stärken empfiehlt. Das Zehn-Schritte-Programm wurde ursprünglich in Reaktion auf den 11. September 2001 in den USA entwickelt, um traumatisierten Amerikanern bei der Verarbeitung des Terrorangriffs Hilfestellung zu leisten. Sie sind aber nicht nur in Extremsituationen hilfreich, sondern auf Stresssituationen jeglicher Art übertragbar.

Die zehn Faktoren werden hier zunächst nur chronologisch aufgeführt. Im Folgenden werden wir sie einzeln betrachten und Übungen kennenlernen, die sie erlebbar und lebendig machen.

Die Verbindung zur positiven Psychologie

Schaut man sich die einzelnen Punkte an, bemerkt man sogleich, dass sie sehr optimistisch klingen und Mut machen wollen. Hier besteht eine Verbindung zur positiven Psychologie. Dieser Begriff wurde von dem amerikanischen Psychologen Abraham Maslow geprägt Er setzte in den 1950er-Jahren einen neuen Trend: Er blickte erstmals nicht defizitär auf psychologische Probleme (problemorientiert), sondern lösungsorientiert. Er beobachtete schon früher als Emmy Werner in den 1970er-Jahren, was Menschen stärkt, was ihnen guttut und wie sie ihr Wohlbefinden steigern, suchte also nach Stärken und nicht nach Schwächen.

Spätere Forscher wie Martin Seligman und Christopher Peterson untersuchten die sogenannten Tugenden oder Charakterstärken – Weisheit und Wissen, Courage, Menschlichkeit, Gerechtigkeit, Mäßigung und Transzendenz – und gingen der Frage nach, wie diese positive Emotionen unterstützen. Aus der damaligen Zeit (Ende der 1990er-Jahre) stammt auch die »Glücksforschung«, die zunächst unter Psychologen verpönt war, aber inzwischen anerkannt ist. Tatsächlich ist das Thema »Glück« heute ebenso wie Achtsamkeit eine Art Trendthema – ein glückliches Leben zu führen hat für immer mehr Menschen einen hohen Stellenwert. Und das ganz zu Recht!

Ein anderer berühmter Forscher mit im Bunde war Aaron Antonovsky, ein amerikanischer Soziologe, der in den 1970ern untersuchte, was Menschen gesund erhält, und nicht (wie sonst eher üblich), was sie krank macht. Dieser Forschungsbereich wird heute unter dem Begriff »Salutogenese« (von lateinisch *salus*, Gesundheit, und vom altgriechischen *Genesis*, Entstehung) zusammengefasst. Antonovsky vertrat die Theorie, dass Menschen drei Widerstandsressourcen haben:

- die Fähigkeit, das Leben zu verstehen, erklären und vorhersehen zu können (Verstehbarkeit)
- die Überzeugung, das Leben bewältigen zu können, weil man geeignete Ressourcen zur Verfügung hat (Handhabbarkeit)
- das Gefühl, dass das Leben mehr oder weniger Sinn macht, dass es sich lohnt und dass es bedeutsam ist (Sinnhaftigkeit)

Die Gesamtheit dieser drei Ressourcen nannte Antonovsky Kohärenzgefühl. Je mehr von diesen drei Ressourcen vorhanden ist, desto gesünder lebt ein Mensch. Umgekehrt wird jemand schnell krank, wenn er keinen Sinn in seinen Handlungen sieht, nicht glaubt, das Leben im Griff zu haben, und seine individuelle Lebenssituation nicht begreift bzw. sie nicht versteht.

In der positiven Psychologie begegnen uns auch Begriffe wie Geborgenheit, Vertrauen, Vergebung oder Dankbarkeit und Solidarität. Ähnliche Konzepte werden wir später innerhalb der Achtsamkeit bei Übungen zum Mitgefühl und zur Selbstliebe finden.

Wir beobachten hier eine Annäherung von buddhistischer Philosophie und westlicher Wissenschaft. Westliche Wissenschaftler stehen dabei in dem Ruf, sich eher mit der Außenwelt auseinanderzusetzen, während Buddhisten sich eher mit der Innenwelt beschäftigen. Letztendlich sind aber beide Welten (innen und außen) miteinander verknüpft und beeinflussen sich gegenseitig.

Die Resilienzfaktoren im Überblick

Nun aber zurück zu den Resilienzfaktoren. Es folgen die zehn Handlungsempfehlungen der APA:

- Selbstreflexion als Wachstumschance begreifen
- Veränderungen akzeptieren
- Krisen als beherrschbar einschätzen
- den Überblick bewahren
- proaktiv sein und handeln (im Gegensatz zu Vermeidung und Passivität)
- zielorientiert agieren
- ein positives Selbstbild fördern
- Selbstfürsorge betreiben (auf sich achten)
- optimistisch bleiben
- Netzwerke bilden und sich soziale Unterstützung holen

In Kurzform gibt uns der Handlungsleitfaden der APA die Empfehlung, Krisen und negative Erfahrungen als Gelegenheit zu nutzen, uns selbst zu reflektieren, daran zu wachsen und daraus zu lernen. Da das Leben sich nicht anhalten und sich nicht alles kontrollieren lässt, sollen wir uns darin üben, Veränderungen zu akzeptieren. Rückschläge sollen uns nicht beirren, sondern wir sollen versuchen, uns mit ihnen auseinanderzusetzen und sie zu bewältigen. Kurzfristig scheinen Probleme vielleicht unlösbar, aber wie sehen sie langfristig aus? Bei Schwierigkeiten sollen wir uns nicht selbst bemitleiden und zurückziehen, sondern die Probleme aktiv angehen.

Dazu müssen wir uns Ziele setzen und uns über unsere Werte klar werden. Wir benötigen eine positive Einstellung zu uns selbst, eine gesunde und konstruktive Form von Selbstliebe. Um diese zu praktizieren und umzusetzen, müssen wir uns um uns kümmern und unsere Gesundheit pflegen (körperlich und geistig). Wir benötigen eine optimistische Grundhaltung zum Leben, das Vertrauen, dass wir etwaige Krisen meistern werden und dass wieder eine Entspannung der Lage eintreten wird. Wir müssen uns Hilfe holen in Notzeiten und (auch) in guten Zeiten gesunde Kontakte und Freundschaften pflegen.

Auf den ersten Blick erscheinen diese Ratschläge zunächst trivial. Wie umfangreich diese Empfehlungen in der Konsequenz und Umsetzung aber sind, wird uns klar, wenn wir sie uns genau anschauen.

Selbstreflexion als Wachstumschance

Bei diesem Punkt geht es darum, Gelegenheiten zur Selbsterfahrung zu nutzen; dies führt Sie zu persönlichem Wachstum und Weiterentwicklung.

Eine Krise kann nicht nur ein Unglück, sondern auch eine Aufforderung sein, mehr über sich selbst herauszufinden, darüber, wie man mit Verlusten und Niederlagen umgeht und wie die Schwierigkeiten des Lebens zum eigenen inneren Wachstum und zur Reifung beitragen. Gerade in Krisenzeiten wächst man oft über sich hinaus und meistert Dinge, die unmöglich erschienen. Aber auch in »Friedenszeiten« ist es wünschenswert, mehr über sich zu erfahren.

Vielleicht haben Sie ja gerade eine schwierige Herausforderung erlebt, oder es steht eine bevor und Sie wollen sich daher auf die Reise der Selbsterfahrung machen. Dabei fragen Sie sich vielleicht, wozu diese Selbsterfahrung überhaupt gut ist.

Menschen, die resilient sind, können sich selbst gut einschätzen und kennen ihren Charakter. Eine logische Konsequenz, die sich daraus ergibt, ist, dass Sie sich etwas Zeit nehmen sollten, um mehr über sich selbst zu erfahren. Mit unserer Selbsteinschätzung liegen wir nämlich leider oft daneben. Übergewichtige Menschen denken zum Beispiel meistens, dass sie weniger gegessen haben, als dies tatsächlich der Fall war. Schlanke Menschen meinen dagegen häufig, sie hätten zu viel gegessen. Wir verschätzen uns oft. Auch Autofahrer überschätzen sich gerne und halten ihre Fahrfähigkeit subjektiv für besser, als es der Realität entspricht. Und in Jobinterviews werden wir häufig nach persönlichen Stärken und Schwächen gefragt. Meistens sind wir von der Frage überrumpelt und es fällt uns zunächst

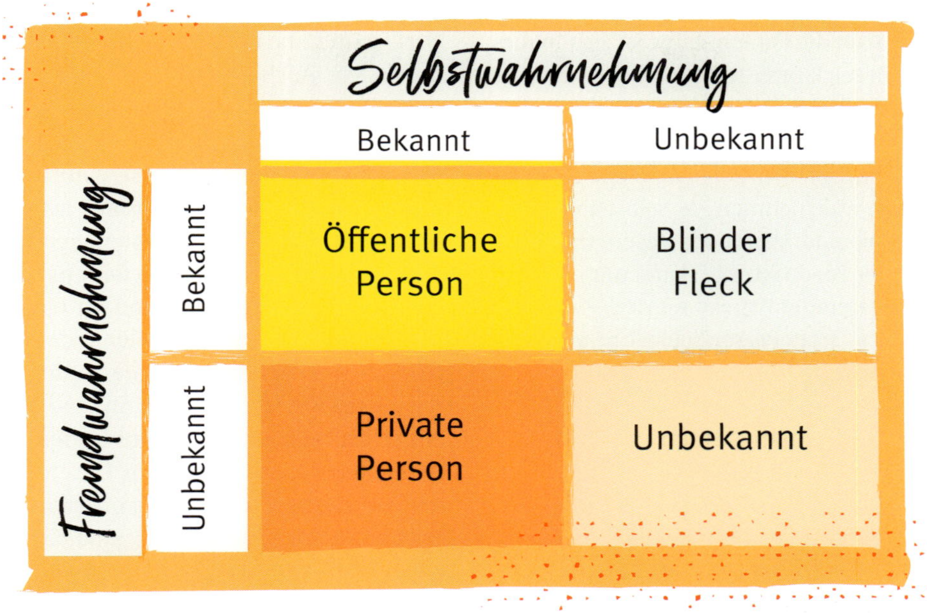

Das Johari-Fenster

nichts ein – weil wir uns schlecht kennen und wenig über uns selbst nachdenken. Abgesehen davon, dass man Schwächen natürlich ungern zugibt und es im Jobinterview selbstredend nicht unbedingt angebracht ist, massive Schwächen zu beichten. Es können aber auch die wenigsten von uns auf Anhieb zehn persönliche Stärken benennen. Unter anderem natürlich, weil man darüber selten nachdenkt und es einem vielleicht auch etwas peinlich ist, in einem Bereich besonders gut zu sein und dies auch noch offen zu sagen. Schließlich werden die meisten von uns dazu erzogen, nicht zu prahlen und sich nicht dauernd in den Vordergrund zu spielen.

Viele unserer Charakter- und Verhaltensmerkmale sind uns nicht präsent. Mit der Fähigkeit der Selbstreflexion machen wir uns nun unsere unbewussten Anteile bewusst. Sehr nützlich zur Veranschaulichung ist das sogenannte Johari-Fenster. Es wurde von den Wissenschaftlern Joseph Luft und Harry Ingham in den 1950er-Jahren entwickelt (siehe Abbildung).

Die öffentliche Person ist das, was ein Mensch willentlich von sich preisgibt und was alle sehen können. Die private Person umfasst alles, was eine Person über sich weiß, aber nicht der Öffentlichkeit preisgibt. Über den unbekannten

Bereich wissen andere ebenfalls nichts, aber auch die Person selbst ist sich in diesem Bereich ihrer selbst völlig unbewusst und weiß nichts darüber. Interessant wird es beim »blinden Fleck«: Hier geht es um Dinge, die Außenstehende an einer Person wahrnehmen, ihr selbst aber nicht bekannt sind. Wenn uns unsere Umwelt darüber Feedback gibt, kann uns ein bisher fremder Aspekt aus dem »blinden Fleck« unserer Persönlichkeit bewusst werden.

Interessant dabei: Der uns unbewusste Bereich unserer Persönlichkeit ist überraschend groß. Wir glauben nur, uns gut zu kennen. Oft haben wir aber unrealistische Vorstellungen von uns selbst. Das ist nicht unbedingt schlecht. Aber wir können uns dadurch über- und unterschätzen, unser Licht unter den Scheffel stellen oder sogar überheblich und arrogant sein.

Selbstreflexion mithilfe von Achtsamkeitsübungen

Achtsamkeitsübungen lenken die Aufmerksamkeit nach innen, auf den eigenen Körper (Körperwahrnehmung), auf die Gedanken, die uns durch den Kopf gehen, und auf die Empfindungen und Gefühle, die uns bewegen und beschäftigen. Wir begeben uns gewissermaßen auf eine Reise, wenn wir Achtsamkeit praktizieren, nicht im Außen (wie im Urlaub), sondern im Innen.

Durch Achtsamkeitsübungen lernen wir, intelligenter und effektiver bzw. »weiser« zu handeln. Auch dazu ist es von Vorteil, sich selbst gut zu kennen. Weiter oben war bereits davon die Rede, dass wir weitestgehend automatisiert unsere Alltagsroutinen abspulen. Nicht umsonst heißt es: »Der Mensch ist ein Gewohnheitstier.« Aber welche Routinen haben wir uns angewöhnt, welche davon sind gar nicht mehr zeitgemäß, welche wollen (oder müssen) wir eventuell verändern oder sogar ganz loswerden? Dazu müssen wir uns selbst beobachten und uns besser kennenlernen, uns erforschen. Unsere Aufmerksamkeit ist im Alltag meistens nach außen gerichtet und wir sind darauf programmiert, die Herausforderungen der Außenwelt zu bewältigen und im Alltag zu bestehen. Meistens klappt das auch, bis zu einem Tag, an dem wir an Grenzen stoßen oder in Krisen geraten. Bis dahin sind wir überwiegend durch den Alltag und unsere Routinen abgelenkt und beschäftigt gewesen. Dann kommt eine Krise und plötzlich sind wir auf uns selbst zurückgeworfen, verstehen die Welt nicht mehr.

Einige Persönlichkeitsanteile von uns (zum Beispiel Zwanghaftigkeit oder Schüchternheit) haben wir eventuell auch verdrängt, weil wir sie nicht an uns mögen oder weil wir keine Zeit hatten, uns mit ihnen auseinanderzusetzen. Solche nicht integrierten Anteile unserer Persönlichkeit können sich auf einmal wieder melden und danach fragen, angenommen zu werden. Dasselbe gilt für Stärken, die uns vielleicht unangenehm sind, weil wir nicht überheblich wirken wollen.

Menschen, die Krisen durchlebt haben und deren Resilienz gefordert wurde, sind häufig durch die Phase einer Belastung gewachsen und gereift. Nicht immer mündet also eine Krise oder eine persönliche Tragödie in eine völlige Niederlage. Dadurch, dass wir zum Beispiel mit einem Verlust fertigwerden müssen, können wir unsere Stärken und Schwächen in der Bewältigung besser kennenlernen und gegebenenfalls korrigieren.

Um die eigenen Werte, Fähigkeiten und Eigenschaften zu erforschen, überprüft man u. a. auch das sogenannte Selbstbild, also die Vorstellung, die man von sich selbst hat. Dieses Selbstbild ist mit der Zeit entstanden und ein Produkt unserer kulturellen Prägung und unseres Elternhauses. Später kamen dann noch andere Einflüsse dazu, wie der Freundeskreis und die Arbeitsumgebung und die eigene Familie. Hier haben wir uns entwickelt und Rückmeldungen bekommen zu unserem Verhalten und unseren Einstellungen. Oft haben wir einfach nur Rollen übernommen, wie Vater, Mutter, Arbeitskollege, Sportler, Künstler, Wissenschaftler, Partner oder Vereinskollege.

Diese Rollen entsprechen aber zum Teil nur dem, was von uns erwartet wird, und nicht unbedingt unserem wirklichen Naturell. Jeder kennt das Wort »Midlifecrisis« – tatsächlich kann eine solche damit zusammenhängen, dass Menschen bemerken, dass ihr Leben nur zum Teil ihren Fähigkeiten und Neigungen entsprach und größtenteils fremdbestimmt war. Die Folge ist ein heftiger Wunsch, das Leben mehr an den eigenen Bedürfnissen auszurichten.

Sie hätten dieses Buch wahrscheinlich nicht erworben, wenn Sie sich nicht etwas mehr selbst erforschen und mehr über sich erfahren wollten! Warten wir nicht länger – die Selbsterfahrungsreise beginnt hier. Sind Sie dabei?

Reflexion: Bestandsaufnahme

Ihre erste Aufgabe ist eine Reflexion. Nehmen Sie einen Zettel und einen Stift, besser ein kleines Notizbuch. Es empfiehlt sich, ein Tagebuch oder Journal anzulegen und Gedanken und Einfälle zu dem Programm, das Sie mit diesem Buch absolvieren, zu sammeln. Stellen Sie sich die folgenden Fragen:

- Was stört mich im Moment?
- Was bereitet mir Sorgen und was würde ich gerne ändern, sowohl im Innen als auch im Außen?
- Womit bin ich zufrieden?
- Was mache ich gerne und was nicht so gerne? Woran bin ich besonders interessiert, woran nicht?
- Was sagen Freunde und Verwandte über mich?
- Wo überschätze ich mich, wo unterschätze ich mich?
- Was sind meine Stärken und Schwächen?
- Wo habe ich einen »blinden Fleck«?
- Wie bin ich im Umgang mit anderen Menschen?
- Wie steht es um meine Gesundheit und mein körperliches Wohlbefinden? Welche Gesundheitsziele habe ich?
- Was ist mir wichtig im Leben, was nicht?
- Wenn ich zurückblicke auf mein bisheriges Leben, was hat geklappt und was nicht?
- Welche Pläne habe ich für die Zukunft?

Gehen Sie die Reflexion langsam und ausführlich Schritt für Schritt durch. Schreiben Sie Stichwörter auf. Gehen Sie zwischendurch spazieren und lassen Sie die Fragen weiter brodeln. Ergänzen Sie dann später Ihre Notizen. Kommen Sie ruhig auch noch ein paar Tage später auf Ihre Notizen zurück, wenn Ihnen nachträglich etwas einfällt. Gehen Sie tief »in die Fragen hinein«, lassen Sie sie in sich arbeiten.

Wenn Sie die Übung richtig gemacht haben, ist am Ende eine Art »Landkarte« entstanden mit Dingen, die Sie ändern möchten, eine Liste von Stärken und

Schwächen und eine Aufstellung Ihrer Interessengebiete (egal, ob Sie sie nun pflegen oder nicht). Bei der Liste mit Änderungswünschen stehen hoffentlich ein paar Ziele, die Sie sich vorgenommen haben. Und idealerweise haben Sie sich auch Rückmeldungen aus dem Freundes- und Familienkreis geholt, wie Sie von anderen erlebt werden.

Wenn Sie diese Übung mit Energie verfolgt haben, sind aus diesem Nachdenkprozess ein paar Kerngedanken und Ideen über Sie entstanden, die Sie weiterverfolgen mögen.

Übung: Achtsamkeit auf den Atem und die richtige Sitzposition

Lassen Sie uns nun mit der ersten eigentlichen Achtsamkeitsübung, einer konzentrativen Meditation, beginnen, der Achtsamkeit auf den Atem. Dies ist unsere Basis, auf die wir uns im Weiteren immer wieder berufen werden.

Für die richtige Meditationshaltung wird die Aufmerksamkeit klassischerweise zunächst auf sieben Bereiche gerichtet. Sie sitzen dazu aufrecht auf einem Meditationskissen, -bänkchen oder einem Stuhl.

1. Positionieren Sie Ihre Beine. Wenn Sie jung und beweglich sind, können Sie gerne den halben oder ganzen Lotossitz einnehmen. Für weniger bewegliche Menschen reicht der Schneidersitz oder der burmesische Sitz. Wichtig ist, dass Po und Becken durch ein Sitzkissen etwas höher positioniert sind als die Knie. Beim Sitzen auf einem Stuhl entfällt das Sitzkissen; aber nicht die Beine überschlagen!
2. Arme und Schultern sind entspannt, die Hände liegen im Schoß übereinander oder auf den Oberschenkeln.
3. Der Rücken ist aufrecht, gerade, aber nicht verkrampft.
4. Die Augen sind zunächst ganz oder halb geschlossen, um die Aufmerksamkeit nach innen zu lenken. Später können Sie die Augen öffnen. Sie sollten mit »weichem Blick« schauen, also ohne zu fokussieren. Sie blicken nach unten vor sich. Sie können auch zwischen offenen und geschlossenen Augen wechseln, wie es gerade passt. Öffnen Sie die Augen, wenn Sie merken, dass Sie müde werden.
5. Der Kiefer und der Mund sind entspannt.
6. In alten Meditationstexten wird empfohlen, die Zunge an den oberen Gaumen zu legen und die obere Zahnreihe mit der Zunge zu berühren. Dadurch soll sich der Speichelfluss reduzieren, wodurch man beim Schlucken weniger abgelenkt ist. Probieren Sie es aus. Wenn Ihnen das zu kompliziert ist, achten Sie einfach darauf, dass der Mund einschließlich Zunge und Kiefer entspannt ist.
7. Der Kopf ist leicht gesenkt, sodass der Blick nach vorne unten gerichtet ist.

Manche Autoren empfehlen, das Kinn leicht anzuziehen. Dabei dürfen Sie aber nicht verspannen. Zu sehr darf der Kopf nicht gesenkt sein. Machen Sie Ihre Erfahrungen und wählen Sie die Position so, dass sie bequem und angenehm ist.

Nachdem Sie Ihre Position gefunden haben, beobachten Sie einfach Ihren Atem beim Kommen und Gehen. Nicht mehr und nicht weniger. Es gibt drei Regionen, in denen Sie den Atem spüren können:

1. Der Hals-Nase-Rachen-Raum: Beobachten Sie, wie die Luft in die Nase eintritt und über den Rachen in die Kehle und die Luftröhre fließt.
2. Der Brustkorb: Beobachten Sie, wie sich der Brustkorb mit der Atmung hebt und senkt. Sie können dazu die Hand aufs Herz legen, um die Brustbewegung besser zu spüren. Bei genauem Hinspüren können Sie auch wahrnehmen, wie sich die Schultern heben und senken.
3. Die Bauchregion: Legen Sie auch hier anfangs Ihre Hand auf, um die Region besser zu spüren. Der Bauch dehnt sich mit der Atmung aus und zieht sich zusammen. Nehmen Sie das einfach eine Weile wahr.

Nachdem Sie alle drei Regionen kennen, versuchen Sie einen Atemzug komplett zu verfolgen, also von Anfang bis Ende durch alle drei Regionen. Dann bleiben Sie in einer der drei Partien, wo es Ihnen am leichtesten fällt, dem Atem zu folgen. Sitzen Sie so für zehn Minuten. Lassen Sie sich nicht ablenken! Wenn Sie bemerken, dass Sie mit den Gedanken abschweifen, kehren Sie zum Atem zurück, immer wieder und wieder. Es kann sehr häufig vorkommen, dass Sie mit den Gedanken woanders sind und zum Beispiel tagträumen. Das ist völlig in Ordnung. Nehmen Sie es nur zur Kenntnis und kehren Sie zum Atem zurück. Das ist zunächst alles.

Sitzpositionen für die Meditation
Lotussitz
Halber Lotussitz
Burmesischer Sitz
Kniesitz (mit Kissen)
Fersensitz
Stuhlsitz

Übung: Achtsamkeit auf den Körper (Bodyscan)

Bei dieser Übung wandern Sie einmal langsam und bewusst mit der Aufmerksamkeit durch den ganzen Körper und verfeinern dadurch Ihre Körperwahrnehmung. Sie können den Bodyscan im Sitzen oder im Liegen machen.

Zunächst spüren Sie Ihren Körper in seiner Gesamtheit, also von den Zehenspitzen bis zum Kopf. Lächeln Sie ihm wohlwollend zu. Atmen Sie dann bewusst ein und aus, während Sie die Aufmerksamkeit auf der Körperwahrnehmung ruhen lassen.

Gehen Sie als Nächstes mit der Aufmerksamkeit in verschiedene Teilbereiche. Zuerst konzentrieren Sie sich auf Ihre Haare. Atmen Sie wieder bewusst ein paarmal ein und aus. Halten Sie die Aufmerksamkeit auf den Haaren. Gehen Sie dann zu den Augen. Entspannen Sie die Augen, die Sie übrigens gerne schließen können. Atmen Sie dann wieder bewusst ein paarmal ein und aus.

Sie ahnen schon, wie die Übung weitergeht: Sie wandern mit der Aufmerksamkeit von einer Körperregion zur anderen, wo Sie einen Moment verweilen. Sie konzentrieren sich auf die Region und spüren sie intensiv. Dann atmen Sie wieder bewusst ein paarmal ein und aus. Wenn Sie das Mitgefühlselement aus diversen späteren Übungen ergänzen mögen, stellen Sie sich vor, dass Sie die betreffende Körperpartie anlächeln und wohlwollend an sie denken.

Besuchen Sie auf dieser Reise:
- Ohren
- Zähne
- Schultern
- Hände
- Lungen
- Herz
- Leber (stellvertretend für die Bauchorgane)
- Knochen
- Muskeln

Zum Schluss können Sie noch eine Region aussuchen, die Sie gerne besuchen möchten; irgendeine Stelle, die im Moment besonders Ihre Aufmerksamkeit und Ihr Mitgefühl benötigt. Und schließlich wenden Sie sich wieder Ihrem Körper in seiner Gänze zu und beenden die Übung mit ein paar abschließenden bewussten Atemzügen.

Übung: Achtsamkeit auf Empfindungen und Gefühle

Setzen Sie sich aufrecht hin; wenn Sie können, gerne im Schneidersitz mit leicht erhöhtem Becken auf einem Sitzkissen. Die Haltung ist gerade, aber nicht verkrampft.

In der vorherigen Übung haben Sie gelernt, die Aufmerksamkeit auf bestimmte Körperregionen zu richten. Jetzt verfeinern Sie die Wahrnehmung. Wie fühlt sich der Körper an? Checken Sie verschiedene Kategorien ab, wie »warm«, »kalt«, »hart«, »weich«, »schwer« oder »leicht«. Juckt, zwickt oder schmerzt etwas? Möchten Sie sich gerne bewegen? Sind Sie unruhig oder entspannt? Schlafen Sie fast ein?

Achten Sie wie in der vorherigen Übung auf Ihre Atmung. Wenn Sie mit den Gedanken abschweifen, kehren Sie zum Körper und zu seinen Empfindungen zurück. Versuchen Sie nicht, irgendetwas zu verändern, sondern beobachten Sie einfach nur. Gehen Sie abwechselnd an einer bestimmten Stelle ins Detail und zoomen Sie sich dann wieder aus und spüren Sie wieder den ganzen Körper.

Werden Sie mit Ihren Körperempfindungen vertraut und »freunden« sich mit ihnen an. Schauen Sie sich auch Ihren emotionalen Zustand an: Sind Sie zufrieden, unzufrieden oder neutral? Sind Sie gerade gut oder schlecht gelaunt oder in einem »Egal«-Zustand? Nehmen Sie das einfach nur zur Kenntnis. Versuchen Sie nicht, von Neutral zu Gut zu kommen, oder von Schlecht zu Gut. Lassen Sie es einfach auf sich beruhen. Beobachten Sie lieber, wie sich die Stimmung und die Empfindungen im Laufe der Zeit verändern, und nehmen Sie wahr, wie unbeständig sie sind (das ist einfacher, wenn Sie etwas länger sitzen).

Zu den Empfindungen gehören natürlich nicht nur der Körpersinn (die Propriozeption), sondern auch die restlichen Sinne, also Hören, Riechen und Schmecken. Halten Sie Ihren Blick weich und nicht fokussiert. Achten Sie auf Geräusche im Meditationsraum, zum Beispiel Ihre Atemgeräusche oder Vogelzwitschern von draußen, und beobachten Sie, was im Bewusstsein erscheint. Dann kehren Sie zum Atem und zu den Körperempfindungen zurück. Geruch und Geschmack spielen bei dieser Meditation keine große Rolle. Anders wäre es, wenn Sie zum Beispiel kochen. Das wäre eine informelle Meditation, bei der Sie sehr wohl auf Geschmack und Geruch achten sollten.

Übung: Beobachten der Gedanken

Als nächstes konzentratives Meditationsobjekt folgen die Gedanken:

Die Übung beginnt wieder in der entspannten, aufrechten Sitzposition. Sammeln Sie sich und konzentrieren Sie sich auf das Ein- und Ausatmen. Lassen Sie einfach nur den Atem kommen und gehen und beobachten Sie ihn.

Früher oder später werden die Gedanken abschweifen. Anstatt sich in den Gedanken zu verlieren, beobachten Sie, was Ihnen durch den Kopf geht. Womit sind Sie gerade gedanklich beschäftigt? Meistens sind es Erinnerungen oder Pläne und Fantasien über die Zukunft, zum Beispiel die Einkaufsliste oder die anstehenden Aufgaben im Job, oder Aktivitäten mit der Familie, Hobbys usw. Vielleicht haben Sie aber auch etwas in den Nachrichten gehört und machen sich jetzt Sorgen. Es kann auch sein, dass Sie gedanklich ein Problem lösen wollen oder eine Unterhaltung führen. Oder Sie sind einfach nur in einem Tagtraum verloren.

Ziel der Übung ist es, sich der Gedanken, Fantasien und eventuell Sorgen bewusst zu werden, die Sie beschäftigen. Von diesen Gedanken sollen Sie sich durch die Beobachtung distanzieren lernen und Abstand zu ihnen herstellen, anstatt sich mit ihnen zu identifizieren. Im weiteren Verlauf des Buches werden noch weitere Übungen erläutert, die dieses Konzept noch weiter vertiefen. Als Einstieg genügt es, sich bewusst zu werden, welche Themen sich in Ihrem Gedankenfluss gerne wiederholen. Themen, die immer wieder auftauchen, können Sie gerne in Ihrem Notizbuch aufschreiben.

Übung: die fünf Hindernisse

Sie haben sich vielleicht gefragt, ob dies schon alles ist? Einfach nur den Atem beobachten, die Gemütslage und die Gedanken, die einem durch den Kopf gehen, und das war's? Ist das nicht irgendwann langweilig? Und da sind wir auch schon beim nächsten Punkt der Selbsterforschung angelangt, den sogenannten Meditationshindernissen. Es sind insgesamt fünf. Sie werden ihnen zwangsläufig begegnen, wenn Sie anfangen zu meditieren, und je besser Sie sie kennen und damit umgehen können, desto weiter werden Sie Ihre Meditationserfahrung vertiefen.

Einfach dranbleiben

Wenn alles geklappt hat, können Sie jetzt Ihren Atem beobachten, Ihren Körper differenzierter wahrnehmen und sich Ihre Empfindungen und Gedanken bewusst machen.
Sie werden zwischendurch abschweifen, aber das ist völlig in Ordnung. Kehren Sie immer wieder zum Atem zurück und dann zum Objekt der Aufmerksamkeit, also Körper/Sinnesempfindungen, Gefühle und/oder Gedanken.
Schärfen Sie so immer mehr Ihre Selbstwahrnehmung und lernen Sie sich dadurch besser kennen.

Bei der Entwicklung der Resilienz geht es bekanntlich darum, die Widerstandskraft zu stärken und zu lernen, mit Widrigkeiten umzugehen. Was läge da also näher, als sich mit den fünf Hindernissen auseinanderzusetzen und daran zu wachsen. Es ist eine Ironie des Schicksals, dass Buddha schon um 500 vor Christus von diversen Widrigkeiten und deren Überwindung sprach. Im gewissen Sinne entdeckt die Resilienzforschung Teile dieser Aspekte heute wieder.

Ein weiterer Aspekt der Selbsterfahrung ist übrigens die Integration von »negativen« Eigenschaften und unbewussten verdrängten Bewusstseinsinhalten. Auch auf dieser Ebene werden Sie durch den Umgang mit den Hindernissen eine Vertiefung Ihrer Selbsterkenntnis erreichen.

Fangen wir also an: Die fünf Hindernisse sind:

- Begierde
- Abneigung
- Schläfrigkeit
- Überdrehtheit
- Skepsis

Schläfrigkeit, Passivität und/oder Müdigkeit auf dem Meditationskissen sind eigentlich selbsterklärend. Überdrehtheit und innere Unruhe bedeuten, dass Sie nicht zur Ruhe kommen und nicht abschalten können. Bei Skepsis tauchen Gedanken auf, die an der Meditation zweifeln und sie infrage stellen. Bei Abneigung hätten Sie zur geplanten Zeit überhaupt keine Lust, die Übung zu machen, oder Sie wären unkonzentriert und unmotiviert. Sie schauen zum Beispiel ständig auf die Uhr, wann die Übung endlich vorbei ist. Oder die Zeit vergeht in Ihren Augen subjektiv unendlich langsam. Begierde könnte es zum Beispiel sein, wenn Sie die Übung nur machen, um in einen besonders tollen Bewusstseinszustand zu kommen, oder wenn Sie darüber fantasieren, was Sie sich an diesem Tag oder diese Woche noch alles gönnen wollen, während Sie auf dem Meditationskissen sitzen.

Und da sind wir schon wieder beim Thema Selbsterkenntnis. Meditationssitzungen gelingen nicht immer. Je nach Tagesform begegnen Sie dabei mehr oder weniger Hindernissen. Montags fragen Sie sich vielleicht, was das Ganze überhaupt soll. Dienstag gelingt die Übung dann hervorragend. Am Mittwoch schlafen Sie fast ein. Donnerstag haben Sie keine Lust und Freitag können Sie nicht richtig abschalten. Dabei beobachten Sie sich nun regelmäßig und lernen etwas über Ihre Unbeständigkeit und die Vielfältigkeit der inneren Erfahrung.

Zum Glück gibt es auch Gegenmittel gegen die Hindernisse. Gegen Abneigung hilft zum Beispiel Mitgefühl, gegen Gier Enthaltsamkeit und Zurückhaltung,

gegen Müdigkeit das Aufstehen vom Sitzkissen und Bewegung sowie Entschlossenheit, gegen Skepsis das Gespräch mit anderen Menschen, die schon länger Achtsamkeit praktizieren, gegen Unruhe die Konzentration auf den Atem und die Körperempfindungen.

Wahrscheinlich haben Sie es schon erraten: Auch im täglichen Leben begleiten uns die fünf Hindernisse den ganzen Tag. Auch im Alltag sind wir oft unmotiviert oder gierig oder antriebslos und müde oder »unter Strom«, und auch im Alltag sind wir mehrmals am Tag kritisch und skeptisch bestimmten Situationen gegenüber. Es sind universelle Zustände, die uns durch den Tag, die Woche und das Jahr begleiten. In der Meditation machen wir sie uns bewusst.

Während der Meditation lernen wir unsere fünf »Freunde« also besser kennen. Wir trainieren uns darin, sie zu bemerken, wenn sie auftauchen. Dann erkennen wir sie, benennen sie und beobachten sie. Mit etwas Übung verflüchtigen sie sich dann früher oder später auch wieder. Oder wir sitzen einfach ein Weilchen mit ihnen zusammen.

Die Übung beginnt wieder in der entspannten, aufrechten Sitzposition. Sammeln Sie sich langsam und konzentrieren sich auf die Ein- und Ausatmung. Lassen Sie den Atem kommen und gehen und beobachten Sie ihn. Der Fokus der Aufmerksamkeit liegt jetzt auf den Hindernissen, sie sind Ihr Meditationsobjekt. Warten Sie, was auftaucht, und beobachten Sie, ohne zu reagieren.

Vielleicht sind Sie »hibbelig« und können nicht abschalten. Nehmen Sie das einfach zur Kenntnis und kehren zum Atem zurück. Beobachten Sie weiter. Irgendwann werden Sie vielleicht träge und müde. Ein weiteres Hindernis. Vermeiden Sie jetzt, einzuschlafen. Bleiben Sie bei der Atmung. Lassen Sie sich nicht ablenken.

Vielleicht haben Sie jetzt keine Lust mehr und schauen schon auf die Uhr – ein weiteres Hindernis. Oder die Meditation läuft richtig gut und Sie sind vollauf begeistert und könnten immer weitermachen. Ein weiteres Hindernis. Beobachten Sie weiter. Bleiben Sie bei der Atmung. Irgendwann ändern sich die Stimmung und der Zustand. Jetzt fehlt nur noch Skepsis. Taucht Sie auf? Haben Sie Zweifel, dass der ganze »Meditationskram« überhaupt etwas bringt? Bleiben Sie bei der Atmung. Lassen Sie sich nicht ablenken.

Beobachten Sie einfach nur, was auftaucht. Es kann ein Cluster sein, also mehrmals dasselbe Hindernis hintereinander, oder sie wechseln sich ab. Manchmal sitzen Sie auch nur in Gleichmut ohne Hindernis. Auch gut. Die Hindernisse müssen nicht um jeden Preis auftauchen. Das tun sie ohnehin oft genug. Sitzen Sie einfach weiter da und lassen Sie die Übung dann ausklingen.

Akzeptanz von Veränderung

Veränderungen gehören zum Leben. Nicht immer liegen sie in unserer Hand. Umso sinnvoller ist es, sich auf das zu konzentrieren, was sich beeinflussen lässt.

Akzeptanz bedeutet, eine Situation bedingungslos hinzunehmen, wie sie ist, nicht dagegen anzukämpfen und sie nicht verändern zu wollen. Genau das tun wir aber meistens nicht. Wir kennen zwar theoretisch Akzeptanz, benötigen aber oft viel Zeit, um sie wirklich zu erreichen.

In der Psychologie spricht man beispielsweise von vier Trauerphasen, wenn man einen geliebten Menschen oder etwas, das einem wichtig ist (wie ein langjähriger Job), verloren hat. Nach der Schockphase, in der man wie eingefroren ist, hadert man normalerweise mit seinem Schicksal und will es nicht wahrhaben. Man kann nicht akzeptieren, dass zum Beispiel der geliebte Mensch nicht mehr da ist. Im schlimmsten Fall verleugnet man die Tatsache, im günstigsten Fall verdrängt man sie. Nach dem Leugnen tauchen negative Gefühle auf, wie Trauer oder sogar Zorn. Wir sind wütend darüber, dass uns ein geliebter Mensch genommen wurde. Wir empfinden das als höchst ungerecht und hadern damit. Es folgt eine Phase des Suchens und Sichlösens, bis man zu einem neuen Selbst- und Weltbezug gefunden hat. Die Vorwürfe lassen langsam nach und man hat irgendwann seinen Frieden mit der Situation bzw. dem Ereignis gemacht.

Natürlich durchläuft jeder die Phasen in seinem eigenen Tempo und man kann das Erreichen einer Phase nicht erzwingen. Man geht normalerweise in unterschiedlich langen Schritten durch Phasen der Verarbeitung. Einige Menschen erreichen allerdings nie die Phase der Akzeptanz, sondern bleiben in früheren Phasen »stecken«.

Nachdem wir gesehen haben, wie Psychologen den Umgang mit Trauer und Verlust beschreiben, wenden wir uns nun der Betrachtung dieser Themen aus der Achtsamkeitsperspektive zu: Der Buddha unterscheidet drei Arten des Leidens:

- das Leiden des realen Schmerzes
- das Leiden der Bedingtheit
- das Leiden der Veränderung

Wirkliche Schmerzen oder Krankheiten sind selbsterklärend, zum Beispiel ein gebrochenes Bein oder eine Lungenentzündung.

Das Leiden der Bedingtheit ist etwas abstrakter: Wir stehen uns durch unser Ego oft selbst im Wege. Wir erreichen im Leben nie all unsere Ziele und völlige Zufriedenheit und laufen häufig irgendwelchen Träumen und Luftschlössern hinterher. Auch sind wir durch die moderne Globalisierung hochgradig fremdbestimmt und können unser Leben oft gar nicht in allen Einzelheiten selbst bestimmen. Durch das Motto »höher, schneller, weiter« schaffen wir uns fortwährend neue Probleme, und wenn wir eins gelöst haben, entstehen dadurch meist zwei neue.

Die dritte Form des Leidens interessiert uns hier am meisten: das Leiden durch die andauernde Veränderung. Nichts

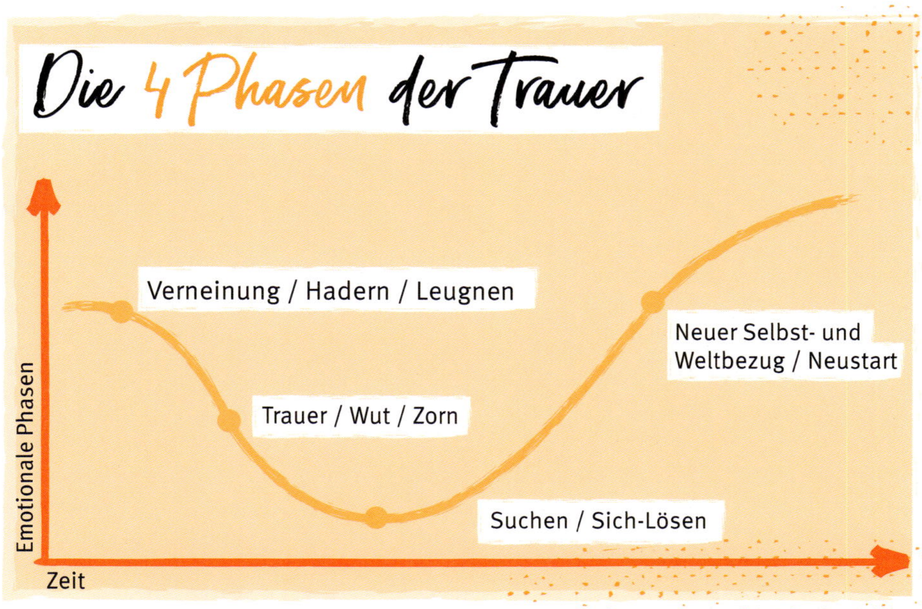

im Leben ist beständig, und obwohl wir das wissen, versuchen wir, am Leben festzuhalten, so wie es uns subjektiv gefällt und vertraut ist. Wir streben nach Sicherheit und Stabilität, aber ständig passiert etwas, das diese infrage stellt und erschüttert. Hier ist Akzeptanz gefragt, das gleichmütige Beobachten der ständigen Veränderungen im Außen.

Resiliente Menschen können sich besser auf Veränderungen einstellen. Sie verschwenden nicht so viel Energie und Kraft darauf, sich gegen sie zu wehren. Selbstverständlich prüfen sie vorher, ob sich eine Situation beeinflussen lässt. Sollte sie sich aber nicht ändern lassen, ist es unter dem Gesichtspunkt der Achtsamkeit sinnvoll, sich in Akzeptanz und Ausgeglichenheit zu üben. Wir wehren uns dann nicht mehr gegen die Herausforderung oder die Fakten, sondern lassen sie geschehen.

Das heißt übrigens nicht, dass man sich alles gefallen lassen muss. Das wäre keine Akzeptanz, sondern eher Unterwürfigkeit, Resignation oder Fatalismus. Wenn uns Ungerechtigkeit widerfährt, müssen wir natürlich aufstehen und uns wehren, so weit das möglich ist. Akzeptanz meint eher, dass wir nicht sinnlos gegen etwas ankämpfen, das außerhalb unserer Macht liegt.

Das Leid der Vergänglichkeit und des Wandels macht uns klar, dass wir altern, eventuell krank werden und sterben müssen. Dagegen können wir uns nicht wehren. Wir müssen dies hinnehmen. Auch in Alltagssituationen sind wir ständig mit der Akzeptanz konfrontiert: Wenn der Nachbar laut Musik hört oder in den Nachrichten wieder einmal eine Ungerechtigkeit berichtet wird ... Wir können uns ständig darin üben, eine akzeptierende, nicht urteilende, nicht wertende Grundhaltung einzunehmen, wo es angezeigt ist. Die Kunst ist dabei, für sich selbst zu prüfen, wann Akzeptanz angezeigt ist und wann nicht.

Sie kennen vielleicht das sogenannte Gelassenheitsgebet, das eine gute Grundlage sein kann, wenn Sie sich in Akzeptanz üben wollen:

» *Gott, gib mir die Gelassenheit, Dinge hinzunehmen, die ich nicht ändern kann, den Mut, Dinge zu ändern, die ich ändern kann,und die Weisheit, das eine vom anderen zu unterscheiden.* «

Bevor Sie mit der nächsten Übung weitermachen, sollten Sie die Übungen aus dem vorherigen Kapitel kennengelernt und zumindest ausprobiert haben. Die Übungen bauen aufeinander auf.

Reflexion: No-Gos und Einflussmöglichkeiten

Lassen Sie uns hier wie oben bei der Selbstbeobachtung zunächst eine Bestandsaufnahme machen. Sicher gibt es Umstände in Ihrem Leben und Eigenschaften in Ihrer Person, die Sie nicht akzeptieren und am liebsten verändern möchten. Welche sind das? Was fällt Ihnen schwer zu akzeptieren, im Arbeitskontext, in Ihrer Nachbarschaft, in Ihrem Wohnumfeld, innerhalb der Familie? Was sind absolute »No-Gos« für Sie? Schreiben Sie es auf! Machen Sie ein Brainstorming zum Thema »Nichtakzeptanz«. Wogegen wehren Sie sich? Was passt Ihnen nicht? Welche Charaktereigenschaften können Sie an sich selbst nur schwer ertragen? Was wird Ihnen von Außenstehenden (Familie, Freunden) rückgemeldet, was Sie ändern sollten? Was soll so bleiben, wie Sie es gewohnt sind?

Idealerweise haben Sie jetzt eine Liste erstellt und ein paar Notizen zu dem Oberthema gemacht.

Überprüfen Sie jetzt, was Sie überhaupt beeinflussen können und wollen. Versuchen Sie vielleicht, etwas zu verändern, was gar nicht Ihrer Kontrolle unterliegt? Oder Sie unterlassen es, etwas zu verändern, obwohl es eigentlich ginge, Sie sich aber nicht dazu durchringen können? Was ist veränderbar und was nicht? Wenn Sie sich bewusst dafür entscheiden, etwas auf sich beruhen zu lassen, obwohl Sie es beeinflussen könnten, ist das auch in Ordnung. Es ist Ihre Entscheidung. Wenn es aber Bereiche gibt, wo Sie nichts ausrichten werden, dann sollten Sie sich diese unter dem Akzeptanzaspekt anschauen. Denn der Kampf gegen Unabänderliches kostet Kraft und Zufriedenheit.

Möglicherweise kommen Ihnen bei diesem Brainstorming sehr viele Ideen. Sie müssen dann priorisieren und zunächst die drei wichtigsten Themen heraussuchen, die sich immer wiederholen oder die Ihnen am bedeutendsten erscheinen. Darauf beschränken Sie sich zunächst, um sich nicht zu verzetteln. Mindestens drei Lebensbereiche, innere Einstellungen und Haltungen und/oder Situationen, die Sie bisher nicht akzeptieren konnten, sollten dabei herauskommen.

In den folgenden Übungen trainieren Sie nun Ihre Akzeptanz und die Fähigkeit, nicht mehr unmittelbar automatisch und reflexhaft zu reagieren. Mit fortschreitender Übung wird es Ihnen gelingen, Situationen, Meinungen, Gefühle und Empfindungen einfach nur zu beobachten und zur Kenntnis zu nehmen.

Übung: nicht reagieren ohne Thema

Nehmen Sie eine aufrechte Sitzposition ein und steigen Sie wie immer über die Atembeobachtung ein. Achten Sie gerne auf Geräusche und Klänge im Raum, außerhalb des Raums und darüber hinaus außerhalb des Gebäudes. Machen Sie sich klar, dass Sie nichts tun müssen, damit die Geräusche auftauchen; Sie müssen auch nichts tun, damit sie vergehen, oder sonst irgendetwas. Sie müssen sich um nichts kümmern. Sie müssen Geräusche auch nicht »wegfiltern«, sondern können sie einfach wertfrei wahrnehmen.

Entwickeln Sie im nächsten Schritt dieselbe Haltung auch gegenüber Ihren Gefühlen, Körperempfindungen und Gedanken. Sie müssen nichts tun, damit Gefühle oder Gedanken auftauchen; Sie müssen auch nichts tun, damit sie vergehen oder sonst irgendetwas. Seien Sie einfach nur in der Erfahrung. Lassen Sie alles im Bewusstsein auftauchen, was gerade auftaucht. Vielleicht ist es die Atmung oder der Magen gluckert oder die Sitzposition ist unbequem oder in der Wohnung ertönt ein Geräusch. Beobachten Sie einfach nur, ohne zu reagieren.

Machen Sie sich klar, dass Akzeptanz nicht bedeutet, dass Sie resignieren oder etwas ertragen. Sie müssen die jetzige Erfahrung nicht mögen oder toll finden, um sie zu akzeptieren. Sie machen nur Ihren Frieden mit der gegenwärtigen Situation, ohne dagegen anzukämpfen. Seien Sie wie ein Wissenschaftler, der etwas in seinem Labor untersucht. Einfach nur erforschen und beobachten, ohne zu reagieren. Wenn Sie zu sehr abgelenkt sind durch ein lautes Geräusch oder eine intensive Empfindung, kehren Sie zwischendurch zum Atem zurück, um sich zu stabilisieren.

Übung: nicht reagieren mit Thema

In der vorigen Übung hatten Sie keinen Themenschwerpunkt. Denken Sie nun an eine konkrete Situation der letzten Zeit, die Sie belastet oder die Sie anstrengend finden, wie zum Beispiel Geldsorgen, Probleme bei der Arbeit oder zwischenmenschliche Spannungen. Lassen Sie die Erinnerung daran langsam auftauchen und sich ausbreiten.

Checken Sie Ihren Gefühlsstatus. Wie fühlen Sie sich mit dem Konfliktthema? Neutral, positiv oder negativ? Wenn eine Emotion sehr stark wird, richten Sie die Aufmerksamkeit auf den Atem, um sich zu beruhigen. Dann gehen Sie zu den Körperempfindungen, die entstehen, wenn Sie an den Konflikt denken. Was spüren Sie wo im Körper? Nehmen Sie die Empfindungen wahr, ohne sie verändern zu wollen. Benennen Sie dann innerlich den Konflikt, achten Sie aber darauf, dass Sie mit den Gedanken nicht abdriften. Werden Sie sich klar, worum es sich dreht. Nehmen Sie die zugehörigen Gedanken zur Kenntnis. Bleiben Sie bei den Körperempfindungen, die entstanden sind.

Nachdem Sie das Thema benannt haben, fragen Sie sich: »Entspricht das, was ich dazu glaube, der Realität? Entsprechen meine Vorstellungen und Überlegungen dazu den Tatsachen?«, und lassen Sie diese Fragen wirken. Dies ist eine eher analytische Betrachtung. Wechseln Sie dann wieder zu der einfachen Beobachtung. Bleiben Sie bei den Körperempfindungen oder wechselweise beim Atem. Sitzen Sie so für mindestens zehn Minuten oder auch länger, wenn Sie wollen. Machen Sie sich hinterher vielleicht ein paar Notizen zu Ihren Erkenntnissen. Haben Sie neue Einsichten gewonnen? Was war Ihnen vorher nicht klar zu dem Thema, welche neuen Aspekte haben Sie wahrgenommen?

Übung: Schmerzen

Schmerz ist ein Klassiker unter den Dingen, die man gerne loswerden möchte. Erwarten Sie aber bitte nicht, dass er durch die Meditation verschwindet, vor allem nicht bei chronischen Schmerzen. Schmerzen sollen durch die Übung weder relativiert noch beschönigt und auch nicht dauerhaft unterdrückt werden – es geht ausschließlich um das Üben von Akzeptanz gegenüber unangenehmen Empfindungen. Bei unklaren Schmerzen, besonders wenn diese chronisch sind, müssen Sie sich in medizinische Behandlung begeben.

Fangen Sie zunächst mit der Atembeobachtung an und kommen Sie in einen entspannten Zustand. Dann scannen Sie durch den Körper und suchen die Region, wo sich der Schmerz hauptsächlich befindet. Bei mehreren Stellen müssen Sie sich zunächst eine aussuchen. Nehmen Sie zum Einstieg zunächst einen kleineren, leichteren Schmerz. Richten Sie Ihre Aufmerksamkeit genau auf diese Stelle.

Verweilen Sie bei dem Schmerz. Beobachten Sie, was dabei passiert. Wehren Sie sich innerlich dagegen, haben Sie Angst, wollen Sie den Schmerz am liebsten sofort loswerden? Wollen Sie ihn unterdrücken? Untersuchen Sie die Qualität des Schmerzes. Ist er spitz, stumpf, flächig, dumpf, pulsierend? Untersuchen Sie ihn genau, möglichst ohne auf ihn zu reagieren.

Richten Sie dann die Aufmerksamkeit auf die Umgebung und Peripherie des Schmerzzentrums und auch zurück. Probieren Sie die unterschiedlichen Zonen aus. Gehen Sie mit der Aufmerksamkeit auch einmal in eine Körperregion, die nicht schmerzt. Nehmen Sie den Unterschied wahr, vor allem den Wechsel und die Veränderung in der Qualität des Schmerzes. Versuchen Sie, nicht zu reagieren, sondern einfach nur bei den Empfindungen zu bleiben. Trainieren Sie sich darin, Ihre Aufmerksamkeit zu lenken.

Mit der Zeit können Sie sich auch an eine stärker schmerzende Stelle herantasten. Eventuell müssen Sie zu der leichteren Stelle zurückwechseln, wenn es Ihnen zu viel wird. Probieren Sie einfach aus, was Ihnen guttut und wie weit Sie dabei gehen können. Setzen Sie sich nicht unter Druck! Es ist nicht das Ziel, innerhalb kürzester Zeit immer mehr Schmerz auszuhalten.

Wenn Ihnen die Übung mit Schmerzen zunächst zu kompliziert ist, nehmen Sie Körperempfindungen, die bei der Meditation stören, wie Jucken, unbequeme Körperhaltung, Kälte oder Hitze.

Übung: Ängste

Betrachten wir nun das Thema Ängste. Ängste sind ein weiterer Klassiker unter den Empfindungen, die man gerne verdrängen möchte und nur schwer akzeptieren kann. Gleichzeitig hat jeder von uns Ängste und muss mit ihnen zurechtkommen.

Beginnen Sie mit der reinen Atembeobachtung und begeben Sie sich in einen entspannten Zustand. Dann erinnern Sie sich an eine angstbesetzte Situation und lassen Sie diese Erinnerung zu, möglichst ohne zu reagieren. Lassen Sie die damit verbundenen Gefühle und Gedanken auftauchen. Die Atmung wird dann vielleicht unruhig. Versuchen Sie dann, weiter ruhig zu atmen.

Fragen Sie sich dann auf einer eher analytischen Ebene: Was könnte im schlimmsten Fall passieren? Wovor fürchten Sie sich in diesem Zusammenhang am meisten? Richten Sie dann wieder die Aufmerksamkeit auf den Körper, den Halsbereich, den Brustkorb und/oder den Bauch. Wie drückt sich die Furcht dort aus? Geben Sie ihr Raum, soweit möglich, und beobachten Sie, wie sie sich verändert. Versuchen Sie, das Gefühl und die Körperempfindungen zuzulassen und den Raum um das Gefühl weit werden zu lassen. Entspannen Sie sich in die Empfindungen hinein.

Wenn Sie mögen und die Angst an einem bestimmten Ort im Körper lokalisieren können, dann legen Sie Ihre Hand auf diese Stelle. Stellen Sie sich vor, dass es sich um eine heilende Hand handelt. Schicken Sie Wohlwollen und Mitgefühl an die Stelle, nicht um das Gefühl loszuwerden, sondern um es zu halten und um ihm Raum zu geben. Beobachten Sie, wie sich die Angst in ihrer Qualität verändert, wie sie stärker und schwächer wird, aber nie genau gleich bleibt. Vielleicht löst sie sich sogar auf. Versuchen Sie aber nicht, das zu erzwingen.

Lassen Sie sich Zeit. Sitzen Sie mindestens zehn Minuten so mit Ihren Befürchtungen und Sorgen.

Übung: Affirmationen

Affirmationen und motivierende, realistische Hilfssätze sind eine weitere Möglichkeit, sich in Akzeptanz zu üben. Beispiele für Affirmationen sind:

- Ich akzeptiere mich, so wie ich bin.
- Die jetzige Situation ist schwierig. Ich halte sie aus. Ich beobachte sie. Ich weiß, dass sie vorbeigeht und sich verändern wird.
- Ich halte zu mir und stehe zu mir.
- Ich bin wie ein Fels oder ein Berg, der sich von der Witterung nicht beeinflussen lässt.
- Ich öffne mich für den einen oder anderen negativen Gedanken, ohne mich mit ihm zu identifizieren.
- Ich beobachte meine Gefühle und nehme sie zur Kenntnis, egal ob sie mir gefallen oder nicht.
- Ich lasse los, was ich bisher festgehalten habe.
- Ich bin bereit für Veränderung.
- Ich beobachte Gedanken, die mir nicht gefallen, ohne darauf zu reagieren. Ich lasse sie bestehen. Sie vergehen von selbst wieder, wie sie gekommen sind.
- Ich lerne zu unterscheiden, was ich beeinflussen kann und was nicht.
- Ich akzeptiere, dass Schicksalsschläge und Krisen zum Leben gehören, und mache meinen Frieden damit.

Schreiben Sie sich ein paar der aufgeführten Sätze heraus, vielleicht die drei, die Ihnen am meisten entsprechen. Gerne können Sie sich auch Ihre eigenen Sätze basteln.

Sagen Sie sich dann im Laufe des Tages mehrmals innerlich diese Sätze vor. Es sind sogenannte Ressourcensätze, die durchaus auch Negativität benennen und nicht verleugnen. Die Akzeptanz steigt, wenn man sich eingesteht, dass eine Situation schwierig ist, und sich dann trotzdem gut zuredet und sich Mut macht. Schwierigkeiten werden dabei nicht beschönigt, sondern durchaus anerkannt. Dann wird aber versucht, »das Beste aus einer Situation zu machen«. Wirkliche Akzeptanz integriert die Schattenseite mit der positiven Gegenposition; sie tut nicht so, als ob es keine Probleme gebe, aber sie versinkt auch nicht im Pessimismus.

Krisen als beherrschbar einstufen

Krisen sind ein ganz normaler Bestandteil der menschlichen Existenz. Wer davon ausgeht, dass sie überwindbar sind, kommt besser mit ihnen zurecht und ist zufriedener.

Auch wenn es uns nicht gefällt, gehören Krisen zum Leben. Das lässt sich leider nicht vollständig verhindern. Wir versuchen zwar, uns abzusichern, und bis zu einem gewissen Grad können wir Probleme verdrängen. Letztendlich holen sie uns aber immer wieder ein. Aber wir können lernen, unsere Reaktion auf die Belastungen zu verändern. In einer Krise kann sogar ein Neuanfang zu etwas Besserem stecken.

Weiter oben haben wir schon im Kontext der buddhistischen Philosophie die drei Arten des Leidens erwähnt. Ein weiteres Konzept, das in der Achtsamkeitslehre betont wird, sind die sogenannten acht Wechselfälle. Der Buddha lehrte, dass wir in unserem gesamten Leben immer wieder diese Wechselfälle erleben werden, egal, wie unsere Absichten sind. Es wechseln sich immer ab:

- Freud und Leid
- Gewinn und Verlust
- Lob und Tadel
- Ruhm und Schande

Das mag etwas platt klingen, aber wir alle haben das selbst schon erlebt, wenn zum Beispiel auf eine Verliebtheit eine Trennung folgte, auf ein Lob im Job eine Abmahnung oder Kritik, nach wirtschaftlich guten Jahren eine Firmen- und Auftragskrise und so weiter. Die Nachrichten sind täglich voll von diesen Gegensätzen. Schauen Sie sich die Promis im Fernsehen an – auch sie sind nie vollständig glücklich, haben zum Beispiel Drogenprobleme oder lassen sich scheiden. Mal ist man Fußballweltmeister, dann scheidet man schon in der Vorrunde aus. Man könnte die Beispiele endlos fortsetzen.

Wenn wir in diesem Zusammenhang von Resilienz sprechen, dann geht es darum, sich nicht zu sehr auf das Negative zu fokussieren, sondern sich klarzumachen, dass Krisen und Herausforderungen zu bewältigen sind. Wir dürfen uns von ihnen nicht überwältigen lassen. Stattdessen sollten wir uns bemühen, an der Herausforderung zu wachsen. Das ist keine abgedroschene Phrase.

Achtsamkeit hilft uns dabei, die kritische Situation vorbehaltlos zu betrachten, uns mit ihr auseinanderzusetzen und sie nicht zu verdrängen. Wir geben ihr Raum und machen uns nichts vor. Wir färben nicht schön und setzen keine rosarote Brille auf. Mithilfe der Resilienz lernen wir, wie wir auf die Herausforderung reagieren und wie wir sie interpretieren können.

Wir können es nicht verhindern, dass Dinge schiefgehen. Das ist das Leben. Aber wir können uns darin schulen, die kurzfristige Katastrophe als das zu sehen, was sie ist: kurzfristig und vergänglich. Mit einer langfristigen Perspektive erkennen wir in der Ferne schon wieder die mögliche Besserung. Wenn wir nicht aufgeben und uns der Situation stellen, können wir sie überwinden. Während Sie sich mit der schwierigen Lage auseinandersetzen, bemerken Sie durch die Achtsamkeit vielleicht schon kleine Veränderungen zum Guten, die Ihnen ansonsten nicht aufgefallen wären.

Die buddhistische Sichtweise, die auf die ständige Wechselhaftigkeit des Lebens verweist, erscheint Ihnen vielleicht etwas pessimistisch und trübselig. Wir wünschen uns doch Resilienz und Optimismus! Wir wollen doch unsere Probleme bewältigen und überwinden! Zum Glück gibt es in der Achtsamkeitsphilosophie die acht Möglichkeiten (auch den »achtfachen Pfad«), wie man sich vom Leiden befreit, nämlich durch

Weisheit:
- rechte Gesinnung
- rechte Erkenntnis

Sittlichkeit (tugendhaftes Verhalten):
- rechtes Handeln
- rechter Lebenserwerb
- rechtes Reden

Meditation:
- rechtes Üben
- rechte Achtsamkeit
- rechte Versenkung

Hierin liegt das Versprechen, dass man mithilfe der Achtsamkeit grundlegende Probleme überwinden kann und es drei Mittel (mit Unterkategorien) gegen den alltäglichen Stress und die Schwierigkeiten des Lebens gibt, nämlich Einsicht und Erkenntnis in Grundprinzipien des Lebens (zum Beispiel Vergänglichkeit, Vermeiden von Selbstsucht), Tugendhaftigkeit/Ethik/Moral (das Einhalten von Regeln) und Konzentration/Meditation bzw. Geistesschulung.

Es würde den Rahmen dieses Buches sprengen, den achtfachen Pfad in allen Details zu erklären. Wir begnügen uns daher, Elemente davon kurz aufzuzeigen.

Weisheit

Die rechte Gesinnung meint, negative Emotionen und Gedanken zu beherrschen, wie Aggressionen und vor allem die Selbstsucht, die schädliche Form von Egoismus. Die rechte Erkenntnis bezieht sich darauf, Zusammenhänge zwischen dem Entstehen und dem Bewältigen von Problemen besser zu verstehen und sich damit zu beschäftigen. Je mehr man die Ursachen des Leidens versteht, desto mehr kann man ihm vorbeugen und es gar nicht erst zustande kommen lassen.

Sittlichkeit

Das rechte Handeln oder die rechte Tat meint, generell keine anderen Lebewesen zu schädigen, nicht zu stehlen und sich keinen Ausschweifungen hinzugeben. Der rechte Lebenserwerb bedeutet, durch sein Berufsleben und den eigenen

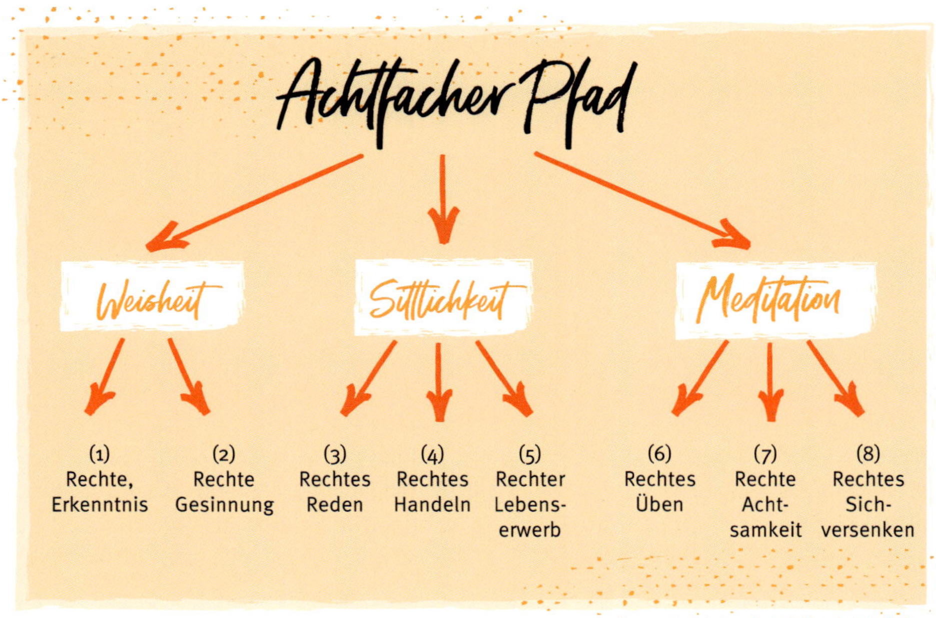

Lebenswandel niemandem zu schaden, nicht kriminell zu sein usw. Das rechte Reden bedeutet, Klatsch und Tratsch zu vermeiden, nicht zu lügen und niemanden durch Worte zu verletzen.

Meditation

Rechtes Üben meint, unheilsame und schädliche Handlungen und Gedanken von vornherein zu vermeiden und zu kontrollieren. Die rechte Achtsamkeit meint das Richten der Aufmerksamkeit auf den Körper, die Gedanken und Gefühle, ohne groß darauf zu reagieren, wie bereits erläutert. Die rechte Versenkung oder Sammlung meint das immer tiefere Eintauchen und das konzentrierte Verweilen in der Meditation ohne Ablenkungen, was natürlich eine Übungssache ist.

Reflexion: Stressresistenz

Lassen Sie uns zunächst das Oberthema des Kapitels erforschen im Sinne einer Denkaufgabe. Was ist für Sie eine überwindbare oder unüberwindbare Krise? Bis zu welchem Punkt glauben Sie, etwas bewältigen zu können, und ab wann nicht mehr? Ab welchem Punkt schätzen Sie eine Situation als »verloren« ein und investieren keine Zeit und keine Energie mehr?

Es kann tatsächlich sein, dass sich eine Situation nicht mehr ändern lässt. Es kann aber auch sein, dass Sie sie »falsch« einschätzen. Sie glauben vielleicht, dass man nichts mehr machen kann, dabei hat es noch nicht einmal richtig angefangen. Oder Sie glauben, dass alles kein Problem ist, und haben die Situation völlig unterschätzt. Es geht hier aber speziell um Situationen, die Sie als unlösbar sehen und die Sie aufgegeben haben, wo aber noch Potenzial besteht.

Der Stressforscher Richard Lazarus hat in den 1980er-Jahren ein Modell veröffentlicht, das sehr gut zu diesem Thema passt. Wir bewerten üblicherweise Situationen zunächst in drei Kategorien, nämlich ob sie für uns egal, positiv oder gefährlich sind, wobei wir uns natürlich täuschen können. Die Kategorie »egal« wird schnell abgetan, ist aber mindestens ebenso wichtig wie die beiden anderen. Nach der ersten Einschätzung bewerten wir im nächsten Schritt, ob wir zur Bewältigung einer gefährlichen Situation die nötigen Voraussetzungen haben. Wenn wir glauben, die Situation im Griff zu haben, entsteht kein Stress. Glauben wir, dass eine Situation uns überfordern könnte, entwickeln wir Stresssymptome. Wir haben dann drei Reaktionsmöglichkeiten: Wir können versuchen, den Stress abzubauen (zum Beispiel durch Sport oder Entspannungstechniken), unsere Haltung und Einstellung zu der Situation verändern oder versuchen, die Situation an sich zu beeinflussen.

Situation

Umweltreize / Stressoren

↓ ↓ ↓

1. Primäre Bewertung

Interpretation der Situation

positiv oder **gefährlich** oder **»egal«**

↓

2. Sekundäre Bewertung

Bewertung der Voraussetzungen zur Bewältigung der Situation

Situation unter Kontrolle oder **Situation überfordert**

↓

STRESS

↓

Stressbewältigung

- Stress abbauen
- Haltung/Einstellung zur Situation ändern
- Situation selbst ändern

↓

3. Neubewertung

- Einschätzung/Bewertung der Situation überprüfen
- aus Erfahrungen lernen und sich anpassen

Uns interessiert hier am meisten die »Neubewertung«. Eine typische Neubewertung wäre es, die Krise als Herausforderung zu sehen, die es zu überwinden gilt, und nicht als Niederlage oder Bedrohung. In dem Moment, in dem Sie etwas als Herausforderung bewerten, gehen Sie anders an eine Situation heran; Sie gehen zum Beispiel davon aus, dass die Lage irgendwie lösbar ist. Umgekehrt würden Sie den Kopf in den Sand stecken, wenn Sie glaubten, dass sich die Lage nicht ändern lässt.

In der Achtsamkeitsphilosophie wird der Aspekt des Nichtbewertens und Nichturteilens sehr betont. Das Fachwort hierfür ist Dezentrierung bzw. Desidentifizierung. Wir kategorisieren im Alltag ständig und bewerten ununterbrochen. Wir betrachten die Welt sozusagen durch den Filter unserer Ängste, Bedenken und Vorurteile. Einerseits ist das nützlich, andererseits kann es auch hilfreich sein, eine Situation, die man vorher als gut oder schlecht angesehen hat, einmal völlig neutral zu beobachten. Das bedeutet, wir nehmen eine Beobachterposition ein und betrachten alles mit Abstand, ohne uns zu identifizieren und ohne sofort zu reagieren. Erst wenn wir den nötigen Abstand erreicht haben, können wir auch weise Entscheidungen treffen.

Wie macht man das? Sie kennen sicherlich die sogenannte Pro-und-kontra-Liste, bei der man alle Vor- und Nachteile einer Situation auflistet, um dann eine Entscheidung zu treffen. Auch hier versucht man, Abstand zu einer Situation herzustellen, bevor man eine Entscheidung trifft.

Sie können nun aus Ihren bisherigen Notizen drei Themen heraussuchen, die Sie untersuchen möchten. Machen Sie sich klar, wie Sie die Situation einschätzen. Ist sie zu bewältigen oder ist nichts mehr zu machen? Wenn Sie eine Entscheidung treffen müssen (und sich nicht entscheiden können), machen Sie eine Pro-und-kontra-Liste über die Vor- und Nachteile der Entscheidung. Spielen Sie dann den »Anwalt des Teufels«: Was, wenn man doch noch etwas machen könnte? Umgekehrt ist vielleicht der Zug doch schon abgefahren bei einer Angelegenheit, in der Sie noch Hoffnung hatten (das wäre dann ein Thema für die oben geübte Akzeptanz). Holen Sie sich auch eine zweite Meinung ein. Was meinen Freunde oder Familienmitglieder dazu? Eruieren Sie, ob Zwischentöne möglich sind, also keine absoluten Antworten im Sinne von Entweder-oder. Vielleicht hat sich Ihre Einschätzung nun geändert.

« Das Transaktionale Stressmodell nach Lazarus

Reflexion: Kohärenz von Stresssituationen

Erinnern Sie sich noch an Aaron Antonovsky, den Gesundheits- und Resilienzforscher, der zu Anfang des Buches erwähnt wurde? Wir haben den von ihm geprägten Begriff der Kohärenz schon kennengelernt: Nach seiner Ansicht kann man eine Krise bewältigen, wenn sie

1. verstehbar ist
2. die Sinnhaftigkeit klar ist
3. die Aufgabe bewältigbar oder handhabbar erscheint und die Person die nötigen Ressourcen zur Verfügung hat (oder besorgen kann) um die Situation zu lösen

Denken Sie an ein Problem aus der letzten Zeit. Wie handhabbar und bewältigbar ist das Problem auf einer Skala von 1 bis 10? Wie verstehbar ist es und hat es einen Sinn, sich für die Bewältigung einzusetzen (ebenfalls auf einer Skala von 1 bis 10)?

Es könnte zum Beispiel sein, dass Sie eine Herausforderung durchaus bewältigen könnten, es aber den Aufwand nicht lohnt. Dann werden Sie sich voraussichtlich nicht dazu aufraffen. Oder Sie könnten das Problem bewältigen, verstehen aber nicht, wie es dazu kommen konnte. Zu diesem Punkt kommen wir später, wenn wir uns mit Werten beschäftigen. Schließlich kann es noch sein, dass Sie ein Problem durchaus verstehen und es bewältigen könnten, Sie aber nicht die Ressourcen dafür haben (wie Zeit, Geld, benötigte Energien und Personen usw.).

Sie haben jetzt drei Punktwerte zu einer schwierigen Situation, zum Beispiel Bewältigungsmöglichkeit 7, Verstehbarkeit und Nachvollziehbarkeit 6 und Sinnhaftigkeit 5. Machen Sie diese Skalierung ruhig noch mit drei anderen Herausforderungen. So bekommen Sie ein Gespür dafür, ob Sie daran glauben, dass Sie das Problem lösen können (und wollen) oder eher nicht. Niedrige Punktzahlen weisen darauf hin, dass nachgearbeitet werden muss oder der Aufwand nicht lohnt; hohe Punktzahlen versprechen Erfolgsaussichten. Wer sich darin schult, Probleme unter diesen drei Gesichtspunkten zu erfassen, wird sich weniger leicht in sinnlose Aktionen verrennen und Krisen überlegter und zielführender angehen.

Übung: Blätter

Kommen wir nun wieder zu den eigentlichen Meditationen. Streng genommen sind es Imaginationsübungen. Begeben Sie sich zunächst in die Meditationshaltung und beobachten Sie wieder als Einstieg Ihren Atem. Dann fügen Sie in der Vorstellung innere Bilder hinzu. Eine gute Hilfe ist es, den Text aufs Handy zu sprechen und ihn zur Meditation abzuspielen. Dann müssen Sie nicht unterbrechen, um nachzulesen.

Stellen Sie sich vor, Sie sitzen an einem klaren Gebirgsbach. Das Wasser ist so klar, dass man auf den Grund schauen kann. Vielleicht sehen Sie Steine oder Kiesel am Grund. Leuchtend farbige Blätter treiben wie kleine Boote auf dem Wasser an Ihnen vorbei. Sie sind von den Bäumen in der Nähe ins Wasser gefallen und werden vom Strom davongetragen. Der Bach verschwindet am Horizont in einem Wäldchen. Malen Sie sich dieses Bild in der Vorstellung genau aus und lassen Sie sich Zeit, bis sich das Bild aufgebaut hat.

Jedes Mal, wenn Ihnen dann ein Gedanke durch den Kopf geht, der Sie stört, nehmen Sie ihn und setzen Sie ihn auf eins der Blätter. Schauen Sie dann zu, wie er auf dem Blatt davontreibt und in dem Wäldchen verschwindet. Lassen Sie alle störenden Gedanken auf diese Weise aus

Ein Gedanke zu Gedanken

Ein Gedanke oder ein Gedankenkomplex, den Sie für »wahr« gehalten haben, kann übrigens auch »nicht wahr« sein. Oder mehr oder weniger wahr in Abstufungen. Die Ansichten zu einer Situation sind eben nur Ihre Gedanken dazu und nicht die Situation selbst. Sie entscheiden, wie viel Aufmerksamkeit Sie ihnen schenken oder eben nicht. Sie müssen die Gedanken zur Situation weder unterdrücken noch sie festhalten. Lernen Sie zu unterscheiden zwischen der Innenwelt, also Ihren Gedanken und Einstellungen, und der Außenwelt. Ziehen Sie in Erwägung, dass es sich bei Ihren Gedanken zu einer Situation nicht unbedingt um konkrete Aufgaben handelt, die man in der Außenwelt lösen kann. Eventuell sind es auch »Hirngespinste« und Sie machen sich unnötig Sorgen. Vielleicht sind Sie auch in den Problemlösemodus gewechselt (und drehen sich gedanklich im Kreis) bei einem Thema, was sich nicht so leicht lösen lässt. Eventuell müssen Sie abwarten und können im Moment nichts tun.
Die Übungen sollen allerdings nicht dazu dienen, Probleme zu verdrängen, sondern den nötigen Abstand herzustellen und den Kopf frei zu bekommen, um dann eine vernünftige Entscheidung zu treffen.

Ihrem Sichtfeld gleiten und aus Ihrem Geist verschwinden. Sie können sich sogar vorstellen, dass der Bach in einen Fluss und der Fluss ins Meer mündet und die Gedanken sich dort vollständig auflösen. Das bedeutet übrigens nicht, dass man sich nicht zu einem späteren Zeitpunkt noch einmal mit dem einen oder anderen Gedanken beschäftigen kann. Nur für den Moment können wir ihn gerade nicht gebrauchen. Wenn ein Gedanke zu groß für ein Blatt ist, müssen Sie ihn unterteilen in kleinere »Portionen«.

Der Ablauf ist also immer gleich: Ein Gedanke taucht auf. Sie bewegen ihn auf eins der Blätter und betrachten, wie sich das Blatt entfernt. Dann sitzen Sie wieder eine Weile. Wieder taucht ein Gedanke auf. Sie bewegen ihn auf eins der Blätter und betrachten, wie sich das Blatt entfernt. Wichtig sind die Pausen zwischendurch. Es kann auch sein, dass die Gedanken nicht unbedingt auf ein Blatt müssen, weil sie nicht besonders störend sind, oder dass Sie einfach nur sitzen wollen. Das ist völlig okay.

Übung: Busbahnhof

Dies ist eine Variante der vorherigen Übung. Sie begeben sich zunächst wieder in die Grundposition und beobachten Ihren Atem. Dann richten Sie Ihre Aufmerksamkeit auf Ihre Gedanken.

Stellen Sie sich vor, dass Ihre Gedanken Busse sind, die in den Busbahnhof ein- und ausfahren. Sie haben die Wahl, ob Sie in den Bus einsteigen und sich somit mit einem Gedanken identifizieren, oder Sie können einfach nur zuschauen, wie die Gedanken(-busse) kommen und gehen.

Im Einzelnen: Sie sitzen aufrecht und spüren Ihren Atem. Dann taucht ein Gedanke auf. Im übertragenen Sinne ist er wie ein Bus, der Sie mitnehmen will. Er will sie sozusagen an einen anderen Ort bringen und von Ihrer Meditation ablenken. Der Bus hält an, die Türen öffnen sich und Sie könnten jetzt einsteigen. Sie bleiben aber bei Ihrer Atmung und beobachten einfach nur, wie der Bus wartet. Dann schließen sich irgendwann die Türen und er fährt weiter ohne Sie. Sie bleiben weiter bei Ihrer Atembeobachtung. Es werden weitere Busse kommen, die Sie mitnehmen wollen. Beobachten Sie sie einfach nur.

Es kann passieren, dass Sie aus Versehen in einen Bus einsteigen und doch mitfahren, weil der Gedanke zu verführerisch war und Sie »gepackt« hat. Aber Sie bemerken es irgendwann und steigen an der nächsten Haltestelle aus und lassen den Bus davonfahren. Sie bleiben bei Ihrem Atem und Ihren Körperempfindungen. Vielleicht lässt die Konzentration dann wieder etwas nach und Sie ertappen sich erneut dabei, dass Sie einsteigen möchten. Das ist aber nicht schlimm. Es ist, wie es ist. Gedanken kommen und gehen. Sie beobachten sie einfach nur weiter. Wie die Busse, die anreisen und abfahren. Sitzen Sie so für zehn Minuten und kommen dann langsam in den Raum zurück.

Den Überblick bewahren

Ein alter Hut scheinbar – nicht kopflos losstürmen, sondern die Gesamtsituation im Blick behalten. Was einfach klingt, kann schwierig sein.

Kurzfristig ist eine Situation vielleicht überwältigend. Dennoch sollten Sie sich nicht beirren lassen, sondern lernen, das Problem in einem größeren Zusammenhang zu sehen. In diesem Kapitel geht es darum, die Vogelperspektive einzunehmen und sich nicht von schwierigen oder unangenehmen Situationen und Sachlagen verunsichern zu lassen. Den Überblick behalten bedeutet, erst einmal (im übertragenen Sinne) zurückzutreten und die Situation als Ganzes zu betrachten.

Resiliente Menschen haben die Fähigkeit, eine kritische Situation in einem größeren Zusammenhang zu sehen. Sie machen nicht aus einer Mücke einen Elefanten und sehen auch die Langzeitperspektive. Sie nehmen sich selbst nicht so wichtig. Sie können erkennen, dass sie nur ein Teil sind in einem großen Ganzen, einem »Puzzle«. Sie verstehen die gegenseitige Abhängigkeit und Komplexität von all dem, was in einer Welt passiert, in der alles mit allem verbunden ist. Das heißt nicht, dass sie nicht in konkreten Situationen sinnvoll handeln. Der bessere Überblick hilft vielmehr, gezielt zu agieren, was die Erfolgschancen deutlich erhöht.

Die Perspektive zu wechseln bedeutet auch, sich in die Sicht eines anderen Menschen hineinzuversetzen und andere Positionen zu respektieren. Sie können auch die örtliche Perspektive wechseln, wenn eine Situation verfahren ist. Körperlicher Abstand zu einem Konflikt kann helfen, sich über die weitere Vorgehensweise klar zu werden.

Reflexion: es geht alles vorbei

Falls Sie sich gerade in einer kritischen Lebenssituation befinden, versuchen Sie zwischen den kurzfristigen und langfristigen Folgen zu unterscheiden. Sicherlich ist das Problem im Moment sehr bedrückend und belastend. Wie sieht es aber langfristig aus? Denken Sie an einen größeren Zeithorizont, zum Beispiel die nächsten fünf oder zehn Jahre. Wahrscheinlich werden Sie dann gar nicht mehr daran denken.

Ein Beispiel wäre der Verlust eines Arbeitsplatzes. Der ist zunächst ein Schock. Vielleicht macht er aber den Weg frei für einen viel angenehmeren Job in einer anderen Firma. Oder nehmen Sie die Trennung von einem Partner. Sie kann sehr schmerzhaft sein. Aber nach drei Jahren hat man voraussichtlich wieder jemanden kennengelernt, der möglicherweise sogar besser zu einem passt. Auch der Tod eines Angehörigen wird nach einiger Zeit der Trauer überwunden und der Tote erhält seinen Platz in der Erinnerung.

Natürlich kann es sein, dass man vom Regen in die Traufe kommt und vielleicht ein Problem löst, dann aber ein neues schafft. Es gibt auch keine Garantie dafür, dass sich alles zum Guten wendet. Aber die Zeit heilt bekanntlich die meisten Wunden, und die Wahrscheinlichkeit, dass sich Probleme lösen, steigt mit zunehmendem Zeithorizont.

Denken Sie auch an die Universalität des Leidens. Egal, wo Sie leben und was Sie tun, und egal, wie viel Geld Sie haben, Sie werden früher oder später Schwierigkeiten im Leben bekommen. So wie die anderen sieben Milliarden Menschen auf diesem Planeten. Die Probleme werden nicht andauern, sondern voraussichtlich irgendwann vorbeigehen. Wenn Sie im Moment Pech haben, muss das nicht zwangsläufig an Ihnen liegen. Wenn Sie allerdings in erheblichem Umfang dazu beigetragen haben, machen Sie sich Gedanken darüber, wie Sie in Zukunft vermeiden können, dass es wieder passiert. Auch wenn der Punkt Optimismus noch gesondert behandelt wird, machen Sie ihn sich zu eigen! Es ist eine schwierige Phase, die Sie jetzt durchmachen, aber es kommen wieder bessere Zeiten. Wenn Sie so an die Situation herangehen, wird das Problem nicht bagatellisiert und auch nicht beschönigt, sondern es wird ins richtige Verhältnis gesetzt.

Reflexion: Timeline

Bei der folgenden Übung zeichnen wir eine Zeitlinie auf einem Blatt Papier. Orientieren Sie sich an der Abbildung als Beispiel. Dabei repräsentiert auf einer Linie unten auf dem Blatt ein Punkt die Gegenwart (bitte die Jahreszahl eintragen). Links davon steht die Vergangenheit, rechts davon die Zukunft. Tragen Sie alle Jahreszahlen ein von Ihrer Geburt bis heute und die nächsten 30 Jahre in die Zukunft. Darunter können Sie im Sinne der Übersichtlichkeit notieren, wie alt Sie zu dem jeweiligen Zeitpunkt waren bzw. sein werden.

Legen Sie mehrere Zeitlinien an für verschiedene Lebensbereiche:

- Gesundheit
- Erfolge (zum Beispiel Ausbildung, Sport, berufliche Erfolge etc.)
- Beziehungen (Partnerschaften, Ehen, Kinder, Trennungen etc.)
- persönliche Ereignisse (zum Beispiel Umzüge, Schulbesuche, Arbeitsplätze etc.)

Markieren Sie größere Ereignisse mit einem senkrechten kleinen Strich und tragen Sie ein Stichwort ein, wie zum Beispiel Firmeninsolvenz, Tod der Eltern, Erkrankung. Vermerken Sie auch Krisen, die schon lange zurückliegen. Tragen Sie auch positive Ereignisse ein, wie einen Schulabschluss, einen Erfolg im Sport, die Hochzeit, die Geburt der Kinder usw. Auch positive Ereignisse können nämlich Stress auslösen. Versuchen Sie, ein Gefühl dafür zu entwickeln, wie groß die Zeitfenster sind zwischen dem Ereignis und der Bewältigung. Sie werden sehen, wie bestimmte Entscheidungen und Handlungen miteinander verknüpft sind. Sie werden Zeitabschnitte bemerken, in denen sich die Themen ballen und konzentrieren, und längere Phasen, wo überhaupt nichts passiert ist. Entscheidend sind der Überblick und die Distanz zu Ihrer Timeline.

Nun folgt ein Gedankenexperiment, zu dem Sie sich Notizen machen sollten: Welchen Rat würden Sie Ihrem jüngeren Ich aus heutiger Perspektive geben? Angenommen, Sie sind heute in den Vierzigern, welchen Ratschlag erteilen Sie dann Ihrem 20-jährigen oder 30-jährigen Ich? Wenn Sie alles noch einmal machen könnten, was würden Sie ändern? Lassen Sie das Bild auf sich wirken. Gehen Sie dann gedanklich in die Zukunft. Was sind die nächsten Schritte und wo wollen Sie hin? Sie können sogar noch weiter in die Zukunft gehen und so tun, als ob Sie 90 Jahre alt sind und auf Ihr Leben zurückblicken. Was würden Sie aus der Sicht des Pensionärs im Nachhinein anders machen und Ihrem jüngeren Ich raten?

Lassen Sie sich Zeit für die Übung.

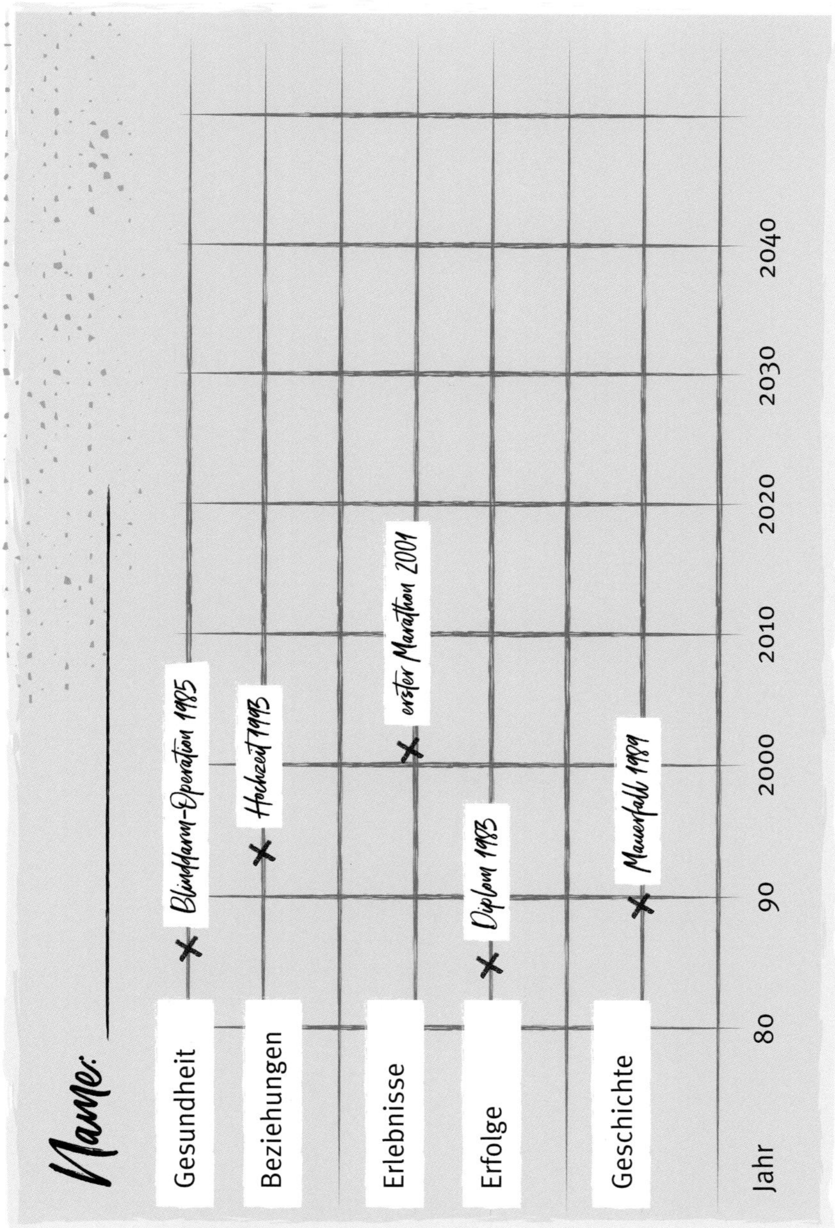
Name:
Gesundheit
Beziehungen
Erlebnisse
Erfolge
Geschichte
Jahr
80
90
2000
2010
2020
2030
2040
Blinddarm-Operation 1985
Hochzeit 1993
erster Marathon 2001
Diplom 1983
Mauerfall 1989

Übung: Gefühle benennen und klar trennen

Um eine Krise in die richtige Perspektive zu setzen, müssen wir uns alle ihre Aspekte und die damit verbundenen Emotionen bewusst machen. Das ist deshalb nötig, weil Gefühle oft unter dem Radar stattfinden und wir zwar merken, dass es uns nicht gut geht, aber nicht wissen, woran es eigentlich liegt.

Beginnen wir mit der Aufmerksamkeitslenkung: Suchen Sie sich etwas, das Sie zurzeit belastet. Vielleicht sind Sie mit einem »Gefühlsmix« konfrontiert oder einem Gefühlswirrwarr, in dem kein eindeutig abzugrenzendes Gefühl hervorsticht. Es kann Freude da sein, weil ein Konflikt beendet wurde, aber auch Trauer, weil man etwas verloren hat, Wut, weil man alleingelassen oder betrogen wurde, oder auch Angst. Oder alles zusammen. Dieser Gefühlsmix muss zunächst in seine Bestandteile »zerlegt« werden, um eine Übersicht zu erhalten. Dafür versuchen wir, unsere entspannte Aufmerksamkeit in die Empfindungen hinein zu lenken und sie zu beobachten und zu zerlegen.

Sie begeben sich dazu wie immer erst in die Grundhaltung und beobachten Ihren Atem. Dann suchen Sie gezielt nach Emotionen. Sie lassen Gefühle auftauchen und geben ihnen Raum. Geben Sie sich dafür Zeit. Sie können dazu auch Ihre Hand aufs Herz legen und sich zunächst fragen, was Sie allgemein fühlen. Gehen Sie dann mehr ins Detail zu der stärksten Empfindung. Wenn keine starken Gefühle da sind, benennen Sie den Zustand zum Beispiel mit ausgeglichen oder langweilig. Bleiben Sie dabei. Unter dem oberflächlichen Gefühl liegt vielleicht noch ein anderes, was länger braucht, um ins Bewusstsein zu treten. Benennen Sie auch dieses: Ärger, Traurigkeit, Einsamkeit, Stolz, Freude, Angst und so weiter.

Sie müssen es nicht erzwingen. Wenn kein Gefühl in den Vordergrund rückt, belassen Sie es dabei.

Sitzen Sie eine Weile und pendeln Sie zwischen den Gefühlen und Ihrem Atem hin und her. Schulen Sie sich darin, die Gefühle zu benennen. Zunächst reicht es, wenn Sie unterscheiden lernen zwischen Freude, Traurigkeit, Ängsten und Ärger. Mit zunehmender Übung können Sie die Wahrnehmung weiter verfeinern und andere Begriffe zusätzlich verwenden. Genauso wie Gedanken sich dauernd verändern, wechseln auch die Emotionen. Beobachten Sie, wie sich die Gefühle in der Qualität und Intensität verändern.

Übung: Kinotechnik

Hier trainieren Sie, Ihre Reaktion auf ein Gefühl zu verändern. Es beginnt wieder mit der Achtsamkeit auf den Atem. Warten Sie, bis ein Gefühl auftaucht, das Sie beschäftigt.

Um das Ereignis oder das Thema, das Sie beschäftigt, in die richtige Perspektive zu setzen, stellen Sie sich dann vor, dass Sie in einem Kino sitzen und von außen dem Drama zuschauen, das Ihnen gerade widerfährt. Auf der Leinwand befinden sich alle Ihre Gedanken und Gefühle. Sie können sich vorstellen, dass Sie eine Fernbedienung in der Hand haben und vor- und zurückspulen können. Sie können den Film anhalten oder die Farben und die Schärfe verändern. Sie können so tun, als seien Sie ein Regisseur und könnten den Schauspielern Anweisungen geben. Sie können neue Personen hinzufügen. Sie können den Ton laut oder leise machen, die Bilder unscharf machen und verschwimmen lassen oder kleiner oder größer. Spielen Sie ruhig auch ein alternatives Szenario (Drehbuch) ab und schauen Sie, was passiert. Es ist unerheblich, ob es in der »Realität« so sein wird oder nicht. Es geht bei der Übung nur um die Regulierung der Aufmerksamkeit und die Distanzierungsfähigkeit. Probieren Sie es aus.

Übung: Gefühl als Objekt

Diese Übung ist zunächst etwas abstrakt. Mit ihr wird es Ihnen gelingen, die Bewertung eines Gefühls zu verändern.

Es geht wieder los mit der Achtsamkeit auf den Atem. Warten Sie, bis ein Gefühl auftaucht, das Sie beschäftigt. Nun stellen Sie sich die folgenden Fragen (die im übertragenen Sinne zu verstehen sind) und beobachten, wie sich das Gefühl dadurch verändert:

Wenn Sie Ihr Gefühl malen würden und es eine Gestalt hätte, wie sähe es dann aus? Welche Form hätte es? Nehmen wir einmal an, es handele sich um Angst. Ist sie groß oder klein, nah bei Ihnen oder weit weg? Hat sie Farben oder ist sie schwarz-weiß? Ist sie dreidimensional oder flach? Wenn das Gefühl eine Oberfläche hätte, wäre sie rau oder glatt? Wäre das Gefühl kalt oder warm? Schwer oder leicht?

Wenn die Vorstellung zu intensiv wird, kehren Sie zum Atem zurück. Pendeln Sie zwischen der Exploration des Gefühls und der Atmung hin und her, so wie es Ihnen angenehm ist. Stellen Sie sich vor, dass Sie ein Forscher sind, der das Gefühl untersucht. Ist es an der Oberfläche des Körpers oder weiter innen? Ist es bewegt oder ruhig? Verändert es sich oder bleibt

Gefühle beeinflussen

Vielleicht fragen Sie sich nun, wie Sie Gefühle tatsächlich beeinflussen können, anstatt ihnen mehr oder minder ausgeliefert zu sein. In der westlichen Psychologie unterscheidet man hier vier Wege:
Man kann 1. der Situation ausweichen (es nicht dazu kommen lassen, weggehen, nicht hingehen usw.), 2. die Aufmerksamkeit von der Situation ablenken (keine Energie darin investieren), 3. die Gedanken und die Bewertung der Situation verändern (an etwas anderes denken oder sich bewusst dazu entscheiden, »positiv« darüber zu denken, und 4. die emotionale Reaktion verändern (zum Beispiel spazieren gehen oder Yoga machen).
Durch Achtsamkeit lenken Sie die Aufmerksamkeit eher auf das Thema, versuchen (so weit es geht) nicht zu bewerten und nicht zu reagieren, aber beim Thema zu verweilen. Dadurch verändert sich in der Folge auch die Emotion, denn Gefühle bleiben über die Zeit nie gleich, sondern ändern sich früher oder später, auch wenn es manchmal etwas länger dauert, vor allem bei intensiven Gefühlen wie Trauer oder Ärger.

es konstant? Wie fühlt sich der Rand an, wie das Zentrum?

Spielen Sie mit all diesen Komponenten, bis Sie mehr Informationen, aber auch mehr Distanz zu dem Erleben haben. Geben Sie der Empfindung Raum, so lange es für Sie okay ist. Versuchen Sie dann, was Sie in den vorherigen Übungen gelernt haben, und enthalten Sie sich jeglicher Beurteilung und Bewertung. Lassen Sie die Empfindung einfach da sein, ohne auf sie zu reagieren, ohne sie wegmachen zu wollen, aber auch ohne an ihr festzuhalten. Es gibt dafür einen Fachbegriff: gleichschwebende Aufmerksamkeit.

Wenn Sie ein visueller Typ sind, können Sie die bildlichen Eindrücke aus der Übung übrigens gerne malerisch oder zeichnerisch auf Papier bringen.

Proaktiv sein und handeln

Hier geht es darum, die eigenen Probleme zu konfrontieren und Verantwortung zu übernehmen, um nicht handlungsunfähig und passiv den Umständen ausgeliefert zu sein.

Auch wenn es in einer Krise schwerfällt, verbleibt ein resilienter Mensch nicht in der Schockstarre und steckt den Kopf in den Sand, sondern reagiert. Er wendet sich der Situation zu und trifft Entscheidungen. Eventuell auch die Entscheidung, nichts zu tun. Ansonsten besteht die Gefahr, handlungsunfähig zu werden.

In einer Krise und unter widrigen Umständen heißt es, so weit wie möglich aktiv zu werden und zu handeln. Entschiedenes Vorgehen ist das Ziel, anstatt die Herausforderung zu vermeiden und ihr aus dem Weg zu gehen. Viele Menschen tendieren dazu, sich zurückzuziehen und den Kopf in den Sand zu stecken, wenn das Leben schwierig wird. Menschen, denen die Resilienz fehlt, hoffen, dass das Problem von allein verschwindet. Aber das tut es meistens eben nicht. Es kann im Einzelfall tatsächlich sinnvoll sein, erst einmal abzuwarten und eine Situation auszusitzen und gegebenenfalls Zeit zu gewinnen. Langfristig wird Sie ein Problem aber wieder einholen. Sie müssen sich ihm stellen. Daran kommen Sie nicht vorbei.

Weiter oben haben wir schon gesehen, dass es Unterscheidungsfähigkeit braucht, um zu erkennen, ob es sich um eine Situation handelt, die man beeinflussen kann oder nicht. Gemeint sind in diesem Kapitel aber Situationen und Gegebenheiten, in denen man auf jeden Fall handeln muss, es aber nicht tut, sondern das Handeln vermeidet oder vor sich herschiebt.

Reflexion: Vermeidung

Vermeidung ist ein nützlicher Abwehrmechanismus, der durchaus seine Berechtigung hat. Auch im Rahmen der Stressbewältigung hat Vermeidung ihren Sinn. Man kann sich nicht ständig mit Problemen beschäftigen und benötigt zwischendurch mal eine Pause vom täglichen Hamsterrad. Insofern ist es nachvollziehbar, dass wir unangenehmeren Themen eher ausweichen und sie »umschiffen« oder völlig ausblenden. Irgendwann holen einen die Probleme aber ein. Es ist eine Gratwanderung zwischen den beiden Extremen: der Auseinandersetzung mit Schwierigkeiten und dem bewussten oder unbewussten Ausweichen für eine gewisse Zeit. Auch das Timing ist dabei wichtig, also wann man sich mit welcher schwierigen Thematik auseinandersetzt und wann es eher unpassend ist. Stellen Sie sich die folgenden Fragen:

- Weichen Sie einem bestimmten Problem aus?
- Lenken Sie sich ab durch Shopping, Fernsehen, Sport, Religion oder Medikamente, vielleicht sogar Drogen?
- Versuchen Sie die Kontrolle über Ihre Gedanken und Gefühle zu gewinnen, indem Sie »schlechte« Stimmungen und belastende Gedanken loswerden wollen?
- Vermeiden Sie bestimmte Orte und Personen und ziehen sich zurück?
- Vermeiden Sie anstehende Gespräche, zum Beispiel mit Verwandten, Arbeitskollegen oder bestimmten Personen, die Sie eigentlich führen müssten?
- Versuchen Sie, nicht an bestimmte Themen zu denken?
- Machen Sie sich selbst Vorwürfe, schwelgen Sie in der Vergangenheit, wo alles besser war?
- Verlieren Sie sich in Tagträumen, bagatellisieren Sie, reden Sie sich etwas schön?
- Versuchen Sie, durch bestimmte »Denkstrategien« aus einer schwierigen Situation herauszukommen?

Dann haben Sie wahrscheinlich sehr viel Energie investiert, um dem eigentlichen Problem aus dem Weg zu gehen, und sich ihm nicht gestellt.

Nehmen Sie einen Stift und Ihr Notizbuch und machen Sie sich Notizen. Wo weichen Sie aus und wo vermeiden Sie, anstatt sich der Situation zu stellen? Wo schieben Sie vor sich her oder auf und sind zögerlich? Listen Sie drei Bereiche auf, in denen Sie eher passiv sind.

In den nun folgenden Übungen erlernen Sie, wie man unter Achtsamkeitsgesichtspunkten einer Situation begegnet, die man eigentlich lieber vermeiden würde. Zunächst müssen Sie den Bereich studieren und explorieren, mit dem Sie sich auseinandersetzen wollen. Bevor Sie auf der Realebene handeln und aktiv werden, sollten Sie sich einen umfassenden Überblick verschafft haben. Dazu betrachten Sie vorher Ihre Gedanken, Gefühle und

Körperempfindungen zu dem Thema, bevor Sie unüberlegt und impulsiv handeln. Intelligent und weise zu handeln ist das Ziel.

Übung: Gedankenbeobachtung

Hier handelt es sich um eine Kombination aus Reflexion und Meditation. Sie beginnen wieder mit der einfachen Atembeobachtung. Als Meditationsobjekt wählen Sie am besten einen der Bereiche, den Sie vorher in der Reflexion herausgearbeitet haben. Rufen Sie das Thema auf und lassen Sie es vor dem inneren Auge entstehen.

Werden Sie sich vor allem der Gedanken bewusst, die mit der problematischen Situation zusammenhängen. Beobachten Sie, was Ihnen dazu einfällt. Mögliche Aspekte sind:

- Was sind die Glaubenssätze und die Überlegungen zur Lage?
- Wen machen Sie verantwortlich? Sich selbst oder andere?
- Was genau sind Ihre Sorgen? Was könnte schiefgehen?
- Was planen Sie? Welche Lösungsvorschläge tauchen immer wieder in Ihren Gedanken auf?
- Hadern Sie mit dem Schicksal? Finden Sie das alles ungerecht? Verdrängen Sie etwas?
- Wollen Sie etwas nicht wahrhaben?
- Führen Sie imaginäre Gespräche mit sich selbst oder anderen?

Nehmen Sie all dies so wertfrei wie möglich zur Kenntnis. Machen Sie eine Pause und schreiben Sie gegebenenfalls die wichtigsten Gedanken zum Thema auf.

Der nächste Schritt ist es, die Gedanken als das zu betrachten, was sie sind, nämlich nur Gedanken und nichts anderes. Gedanken sind nicht die Realität. Sie müssen sich nicht darin verstricken. Sie können sie einfach beobachten und Abstand dazu entwickeln.

Wechseln Sie zu einer eher konzentrativen Betrachtung. Typische Denkmuster sind:

- etwas planen
- etwas verurteilen
- etwas analysieren
- sich etwas vorstellen
- tagträumen
- sich Sorgen über etwas machen
- versuchen, Probleme zu lösen
- sich für etwas rechtfertigen
- sich an etwas erinnern
- etwas fragen
- einen imaginären Dialog führen

Erkennen Sie, in welcher Denkkategorie Sie sich gerade befinden, und benennen Sie diese: Durch dieses Benennen schaffen Sie ebenfalls Distanz und können es eher aushalten, sich mit einem Thema auseinanderzusetzen.

Auch im Laufe des Tages in Alltagssituationen oder wenn Sie über etwas nachdenken, können Sie versuchen zu identifizieren, welche Gedankenkategorie Sie gerade benutzen, und sich darüber bewusst werden, dass es »nur« Gedanken sind, die Ihnen da in der einen oder anderen Form durch den Kopf gehen. Dadurch bekommen Sie den entsprechenden Abstand zum Denkprozess. Sie können dann entscheiden, ob Sie sich mit einem Gedanken identifizieren möchten oder nicht. Mit der Zeit bekommen Sie Übung darin zu erkennen, ob Sie zum Beispiel gerade mal wieder etwas geplant oder einen imaginären Dialog geführt haben. Versuchen Sie, ein Gespür dafür zu entwickeln, was es bedeutet, dass Gedanken »nicht die Realität« sind.

Fragen Sie sich dann, wenn Sie einen Gedanken identifiziert haben:

- Hilft er mir, mein Problem zu lösen, oder verstricke ich mich damit in Gedankenschleifen und hänge fest?
- Kann ich mit dieser Art zu denken meine Situation positiv beeinflussen?
- Wie sehr bin ich von dieser Art von Gedanken eingenommen?

Nehmen Sie dann einen Gedanken, der Sie nicht weiterbringt, zum Beispiel »Diese Situation ist verfahren«, und sagen Sie sich dann stattdessen: »Ich habe den Gedanken, dass diese Situation verfahren ist.« Als Nächstes sagen Sie sich: »Ich nehme wahr, dass ich den Gedanken habe, dass die Situation verfahren ist.« So stellen Sie eine weitere Dezentrierung her.

Übung: den Denkprozess herunterbrechen

Eine weitere Technik ist, den Gedankenstrom in seine Bestandteile zu zerlegen. Hier geht es mehr um den Denkprozess, im Gegensatz zu der vorigen Übung, bei der es um Inhalte ging.

Zunächst nehmen Sie wieder im Sitzen die Atmung wahr. Dann stellt sich langsam der Gedankenstrom ein. Beobachten Sie nun wie ein Wissenschaftler, wo die Gedanken genau im Raum auftauchen. Links oder rechts? Vorne oder hinten und so weiter. Wenn die Gedanken eine Stimme wären, von wo würde sie sprechen? In Ihrem Kopf oder von außen? Sind die Gedanken bei Ihnen eher Bilder oder gesprochene Worte? Welchen Klang haben sie? Haben sie eine Richtung, in der sie sich bewegen? Zum Beispiel von hinten nach vorne oder von oben nach unten? Oder sind die Gedanken starr und fest ohne Bewegung? Gibt es zwischen den Gedanken Pausen und Lücken? Von wo kommen sie und wo gehen sie hin?

Betrachten Sie mit Neugier, wie das Gehirn ständig für Nachschub an Ideen sorgt. Der Verstand ist ein großer Geschichtenerzähler und Dichter. Falls Sie sich zwischendurch in Gedanken verlieren, kehren Sie zum Atmen zurück.

Übung: Gefühle und Gedanken im Wechsel

Den Umgang mit Gefühlen haben wir weiter oben schon kennengelernt. Sie können jetzt versuchen, den Umgang mit Gefühlen und Gedanken zu kombinieren. Das heißt, Sie geben auch den Gefühlen Raum und begegnen ihnen mit Mitgefühl und ohne Wertung, lassen sie einfach kommen und gehen, wie es ihre Natur ist. Dann wechseln Sie zur Atmung und wieder zum Gedankenapparat und sehen sich an, was er gerade produziert. Dann kehren Sie zur Atmung zurück. So pendeln Sie hin und her. Wichtig ist, die Situation nicht kontrollieren und verändern zu wollen, sondern sie nur zu beobachten und Verhaftungen und Identifizierungen loszulassen, soweit möglich. Durch den Abstand, den Sie dadurch bekommen, können Sie sich nun idealerweise auch mit belastenden Themen beschäftigen, die Sie vorher eher vermieden haben.

Reflexion: die Vorbereitung des achtsamen Handelns

Nun ist es an der Zeit, von der Meditation zur Handlungs- und Verhaltensebene zu wechseln. Sie haben es geschafft, ein schwieriges Thema zu betrachten. Es gibt eventuell auch einen konkreten Handlungsauftrag, der Ihnen durch die Gedankenbeobachtung klar geworden ist.

Nehmen wir an, Sie müssen ein schwieriges Gespräch mit jemandem führen und schieben dies schon lange vor sich her. Ist es Ihnen peinlich? Haben Sie Angst, dass es schiefgeht, oder sind Sie einfach nur aufgeregt? Überprüfen Sie, was Ihnen in diesem Zusammenhang wichtig ist.

Nachdem Sie in den vorherigen Übungen Abstand gewonnen haben, müssen Sie entscheiden, wie Sie weiter vorgehen. Sie wollen die Situation intelligent und »weise« in die Hand nehmen und ihr nicht mehr ausweichen. Was bedeutet das?

Der Vorteil der Situationsanalyse und Planung ist die Distanz, aus der heraus Sie die nächsten Schritte wohlüberlegt vorbereiten, ohne sich von Subjektivität und Impulsivität zu Kurzschlusshandlungen hinreißen zu lassen.

Vor dem Handeln wägen Sie ruhig die Risiken ab. Was würde passieren, wenn Sie sich der Situation stellen? Was würde umgekehrt passieren, wenn Sie es nicht tun und die Sache weiter vor sich herschieben? Lassen Sie diese Vorstellungen entstehen und beobachten Sie in Ruhe (im Sinne von Tagträumen). Überlegen Sie sich, ob Sie immer noch handeln wollen und ob Sie auch die Konsequenzen in Kauf nehmen werden, wenn es gelingt oder nicht gelingt. Sitzen Sie in Ruhe und lassen Sie das Thema sich entwickeln. Werden Sie sich darüber klar, was Sie wollen und was Ihre Ziele sind. Versuchen Sie die Lage so realistisch wie möglich einzuschätzen.

Machen Sie dann einen Handlungsplan. Für ein schwieriges Gespräch könnten Sie sich überlegen, was Sie genau ansprechen wollen, was nicht, wie der Zeitrahmen sein soll, wer beteiligt sein soll und bis zu welchem Punkt Sie dem Gespräch folgen wollen. Sie könnten zum Beispiel eine Exit-Strategie definieren: Ab wann und wie wollen Sie das Gespräch höflich beenden, wenn es in eine nicht gewünschte Richtung geht? Wenn es besser läuft als erwartet, brauchen Sie diesen Plan B natürlich nicht.

Mithilfe der bisher erlernten Meditationstechniken können Sie in der Vorphase und auch nach dem Gespräch Ihren Geist beruhigen und für Ausgeglichenheit sorgen. Es werden vielleicht weiterhin widersprüchliche Gefühle auftauchen, wie Ängste, Ärger, Trauer, vielleicht auch Freude. Ein etwaiger Gefühlsmix muss vielleicht zunächst mit Achtsamkeit geordnet und sortiert werden.

Niemand sagt, dass es leicht ist, wenn man sich endlich entschließt, sich einer Situation zu stellen. Benutzen Sie ruhig Ihre Fähigkeit zur Erinnerung. Machen Sie sich bewusst, was in der Vergangenheit in derartigen Situationen geholfen hat und was nicht. Wechseln Sie zwischen analytischer Betrachtung der Situation zur konzentrativen Beobachtung Ihrer Gefühle und Gedanken. Machen Sie sich eventuell Notizen.

Hier endet der Vorbereitungsteil. Sie wechseln dann auf die Umsetzungsebene, die sogenannte »Realebene«.

Verfolgen Sie jetzt Ihren Plan. Sie sind gut vorbereitet. Mehr können Sie nicht tun. Zum Beispiel würden Sie als Nächstes einen Gesprächstermin vereinbaren. Es folgt die tatsächliche Gesprächssituation. Die achtsame Gesprächsführung wird in einem späteren Kapitel erklärt. Bemühen Sie sich, in dem Gespräch so achtsam wie möglich zu bleiben. Wenn Sie merken, dass Sie die Gelassenheit verlieren, machen Sie eine Pause und versuchen Sie, sich wieder zu sammeln.

Nach dem Gespräch oder der jeweiligen Handlung ziehen Sie Bilanz:

- Sind Sie zufrieden damit, wie es gelaufen ist?
- Waren Sie in der Lage, zu tun und zu sagen, was Sie sich vorgenommen hatten?
- Wenn nein, was hat nicht geklappt? Wie würden Sie es das nächste Mal anders machen?
- Was haben Sie aus der Situation gelernt?
- Ist die Angelegenheit abgeschlossen und erledigt, oder ist noch etwas offen geblieben? War es so schlimm, wie Sie erwartet haben, oder ist es vielleicht sogar unerwartet gut gelaufen?

Stellen Sie sich alle diese Fragen und beobachten Sie, was Ihnen dazu durch den Kopf geht. Machen Sie sich Notizen dazu.

Wechseln Sie auch hier in einem kontinuierlichen Prozess zwischen der analytischen Beantwortung der Fragen und der konzentrativen Meditation hin und her – meditieren Sie bei Bedarf, um sich über Gedanken und Gefühle klar zu werden, und notieren Sie diese. Die Achtsamkeit hilft Ihnen dabei, besser mit den dabei auftretenden problematischen Gefühlen und Gedanken umzugehen und gelassen zu bleiben.

Zielstrebig agieren

Sich realistische Ziele zu setzen und diese konsequent zu verfolgen, ist eine wichtige Eigenschaft resilienter Menschen, die zu mehr Zufriedenheit führt.

Resiliente Menschen sind zielorientiert und nicht »orientierungslos«. Sie setzen sich in Krisenzeiten (und auch sonst) realistische Ziele und verfolgen sie. Beachten Sie das Adjektiv »realistisch«. Anstatt sich zu große oder unerreichbare Ziele zu setzen, fragen Sie sich besser: »Was ist ein kleiner Schritt, den ich heute machen kann, um mich in die richtige Richtung zu bewegen?« Es wird empfohlen, große Ziele auf kleine Zwischenziele herunterzubrechen und jeden Tag einen kleinen Schritt zu machen. Wichtig sind dabei Regelmäßigkeit und Konstanz; an einer Sache dranzubleiben ist der Schlüssel zum Erfolg.

Von mangelnder Resilienz zeugt es, keine Ziele zu haben (also ziellos und nicht intelligent zu handeln) oder sich falsche Ziele zu setzen, zum Beispiel solche, die nicht erreichbar sind. Wir bringen uns oft in schwierige Lebenslagen, wenn wir uns überschätzen und die Ziele zu hoch setzen. Dann sind wir enttäuscht, wenn etwas nicht funktioniert hat, dabei war eventuell schon die Planung im Vorfeld unüberlegt.

Überprüfen Sie also für sich, ob Sie im Moment »ohne Kompass« ziellos dahintreiben und ob das, was Sie sich für die Zukunft vorgenommen haben, auch einigermaßen realistisch ist. Wenn Sie im Moment keine Ziele haben, sollten Sie sich welche setzen, auch wenn sie noch so klein sind. Wenn Sie meinen, alles im Griff zu haben, dann nutzen Sie das Kapitel dazu, Ihre Ausrichtung und Pläne zu überprüfen.

So etwas fällt Ihnen schwer? Dabei ist Plänemachen eigentlich etwas, das wir ganz natürlich und auch täglich tun. Wir kennen es aus dem Alltag, wenn wir zum Beispiel mit Kollegen einen Urlaubsplan machen, eine Einkaufsliste schreiben oder wenn wir überlegen, was wir am Wochenende in der Freizeit machen. Ein Großteil unseres Lebens läuft aber mechanisch ab. Der Mensch wird nicht umsonst »Gewohnheitstier« genannt. Viele unserer Handlungsroutinen sind automatisiert und wir haben sie lange nicht mehr hinterfragt. Wir haben unsere vorgegebenen Rollen, zum Beispiel als Eltern oder Arbeitskollegen, und wir überprüfen nicht zwangsläufig regelmäßig, ob sich unser Leben weiterhin in die gewünschte Richtung bewegt oder nicht. Meistens funktionieren wir einfach »vor uns hin«, ohne zu überlegen, ob unser Leben überhaupt das Leben ist, das wir wollen. Denken Sie mal an den alten Brauch, an Silvester für das neue Jahr »gute Vorsätze« zu fassen. Oft bleibt es bei Willenserklärungen und tatsächlich ändert sich nichts. Fitnessstudios können ein Lied davon singen: Jedes Jahr im Januar und Februar kommen viele neue Mitglieder ins Studio, doch die Motivation lässt dann sehr schnell nach.

Vielleicht denken Sie, dass das Planen eines Ziels überhaupt kein Problem sei. Lassen Sie uns trotzdem einen Blick darauf werfen, was sogenannte effektive Zielkriterien sind. Solche erhöhen die Wahrscheinlichkeit, dass ein Ziel erreicht wird. Wenn die Zielkriterien nicht berücksichtigt werden, sinkt die Wahrscheinlichkeit.

Vielleicht kennen Sie die folgenden »smarten« Zielkriterien aus dem Projektmanagement: Ziele müssen

- spezifisch
- messbar
- attraktiv/aktionsorientiert
- realisierbar
- terminiert (mit einem Zeitplan versehen) sein

Außerdem sollte klar sein, ob es sich um kurzfristige (taktische) Ziele handelt oder um langfristige mit einer längeren Zeitperspektive, zum Beispiel über zehn Jahre (das wäre dann eher ein strategisches Ziel).

Ein Beispiel: Sie beschließen abzunehmen. Unspezifisch wäre: »Ich muss abnehmen, da mache ich mal eine Diät und bewege mich mehr als sonst.« Mit dieser vagen Zielsetzung werden Sie vermutlich nicht weit kommen. Spezifisch bedeutet zu formulieren, was Sie tun wollen, zum Beispiel die Ernährung in einer bestimmten Weise umstellen und Sport treiben, und wie viele Kilos (Messbarkeit!) Sie in welchem Zeitraum (Terminierung!) abnehmen wollen. Achten Sie auf Realisierbarkeit und Angemessenheit, wenn Sie Ihr Ziel anhand der SMART-Formel präzisieren. Ein Ziel, das zu ehrgeizig formuliert ist, führt zu Frust. Nehmen Sie sich also nicht vor, in vier Wochen acht Kilo abzunehmen – das werden Sie mit ziemlicher Sicherheit nicht schaffen und die Enttäuschung folgt auf dem Fuß.

Reflexion: intelligente Ziele

Nutzen Sie für diese Reflexion die SMART-Formel. Sie können zunächst mit einem kleinen Ziel üben, bevor Sie zu größeren Themen übergehen. Nehmen Sie sich ausreichend Zeit zum Verständnis.

Wichtig: Lassen Sie sich von der Formel nicht einschränken, denn wie alle kurz und knapp formulierten Konzepte ist sie unvollständig. Es ist durchaus zulässig, eigene Zielkriterien mit aufzunehmen.

Sie müssen sich nicht sklavisch an SMART halten – die Formel gibt aber eine gute Grundlage bei der Zielformulierung.

Wie im Kapitel zuvor zum aktiven Handeln machen Sie zunächst eine Bestandsaufnahme und klären für sich, wo es hingehen soll. Betrachten Sie nicht das Problem, sondern die Lösung, die Sie sich wünschen (spezifische Formulierung). Vermeiden Sie zu benennen, was Sie nicht möchten, zum Beispiel den Streit mit Familienangehörigen, sondern das, was an seine Stelle treten soll, eine Klärung und Versöhnung. Wenn Ängste das Problem sind, dann sind Gelassenheit und Entspanntheit das Ziel. Diese Ziele sind »positiv formulierte« Ziele. All

das gehört zum Kriterium »spezifisch«, ebenso, welche Personen beteiligt sind, an welchem Ort und in welchem Zeitrahmen (Letzteres gehört zum Punkt Terminierung). Es muss klar sein, wie Erfolg definiert ist (Messbarkeit). Sie sollten das Ziel aus eigener Kraft erreichen können (realistische Planung), das heißt nicht abhängig sein vom guten Willen anderer Personen. Die nötigen Ressourcen, wie Zeit, Geld und vielleicht spezifische Fähigkeiten und Qualifikationen, müssen vorhanden sein.

Ein zu großes Ziel muss in kleinere Zwischenziele heruntergebrochen werden. Wenn das Ziel ein Skiurlaub mit Freunden ist, Sie aber noch Skifahren lernen müssen, wäre ein Zwischenziel, einen Skikurs zu machen. Leiden Sie an Ängsten, können Sie sich das spezifische Teilziel setzen, in einem konkreten Supermarkt ausgeglichen und ruhig die Einkäufe zu machen. Das Ziel »Ich bin immer gelassen und entspannt« ist zu groß, zu vage und unrealistisch.

Benennen Sie außerdem die Vor- und Nachteile des Ziels. Was würde es Ihnen im positiven Sinne bringen? Spaß, neue Freunde, neue Fertigkeiten? Welche Nachteile könnten entstehen? Ein Hobby, das sehr kostspielig ist, Verletzungsgefahr? Wägen Sie Vor- und Nachteile gegeneinander ab. Denn ein Ziel muss motivierend sein und attraktiv, das heißt, Sie müssen es wirklich wollen und es muss Sie interessieren. Dazu müssen Sie sich über Ihre Werte, Ihre Träume und Wünsche klar sein. Werte geben Ihrem Leben die Ausrichtung. Sie sind die Leitmotive, nach denen wir uns richten. Wenn Ihnen zum Beispiel sportliche Bewegung und Kontakt mit der Natur nicht wichtig sind, werden Sie sich nur schwer zu einem Skikurs motivieren können.

Gehen Sie drei Ziele (unterschiedlicher Komplexität) durch, um ein Gefühl für die Prinzipien und für eine systematische Herangehensweise an Zielsetzungen zu bekommen. Dazu machen Sie sich wieder Notizen.

Über Karma und Werte

Im Sinne der Achtsamkeit sollten Sie Ihre Ziele immer wieder in ethischer Hinsicht überprüfen und auf Übereinstimmung mit Ihren Werten achten.

Unsere Gesellschaft ist sehr zielorientiert und baut dadurch großen Druck auf. Sie kennen sicher den Slogan: »höher, schneller, weiter«. Es kann problematisch sein, sich zu viele Ziele in immer kürzerer Zeit zu setzen. Besser ist es in solchen Momenten, zurückzutreten und ruhiger zu werden. Vielleicht müssen Sie sich auch von Zielen verabschieden. Wenn Aktivismus und Überforderung erkennbar werden und Burnout-Symptome auftreten, ist das ein Zeichen dafür, dass die gesetzten Ziele unrealistisch sind oder Sie sich zu viele Ziele auf einmal setzen. Hier ist Achtsamkeit unbedingt notwendig. Die Ziele sind wahrscheinlich »achtlos« gesetzt worden, in der Hoffnung, dass es schon irgendwie klappen wird. Wahrscheinlich waren die Voraussetzungen für die Zielerreichung gar nicht vorhanden.

Ziele sind auch oft »egoistisch« und nicht weise und intelligent gewählt, sondern zum Beispiel aus Gier und Unwissenheit entstanden. Es wird daher empfohlen, Ziele stets auf ihre ethische Seite hin zu überprüfen. Hierzu ist die Grundlage das sogenannte »Karma-Prinzip«, das Prinzip von Ursache und Wirkung. In der Achtsamkeitsphilosophie werden heilsame (kusala) und unheilsame (akusala) Willenshandlungen unterschieden. Es wird davon ausgegangen, dass unheilsame Handlungen zu negativen Folgeerscheinungen führen. Vielleicht kennen Sie das Sprichwort: »Wie man in den Wald hineinruft, so schallt es heraus.« Das beschreibt das Karma-Prinzip ziemlich gut. Wer sich egoistisch, brutal, gemein und achtlos verhält, wird mit großer Wahrscheinlichkeit umgekehrt Opfer solcher Verhaltensweisen werden. Wer sich um respektvolles Verhalten und Freundlichkeit bemüht, dem werden andere im Großen und Ganzen auch so begegnen. Bemühen Sie sich, unheilsame Handlungen zu vermeiden und sich weise zu verhalten. Letztendlich legen wir mit unserem Verhalten den Grundstock für unser späteres Erleben. Jede Handlung ist ein Dominoeffekt, der letztlich wieder bei uns ankommen wird.

In allen großen Religionen gibt es Empfehlungen für ethisches Verhalten (zum Beispiel die Zehn Gebote des Christentums), um nicht negative Konsequenzen zu erleben und zu verursachen. Schauen Sie also in Zukunft genau hin, bevor Sie handeln, um sich gar nicht erst in missliche Situationen zu bringen. Machen Sie sich dazu die bereits bekannten fünf ethischen Gebote der Achtsamkeit bewusst:

- nicht töten
- nicht stehlen
- keine Ausschweifungen (sexuelle Verantwortung)
- nicht lügen
- keine Drogen

In der Achtsamkeitsphilosophie bemüht man sich übrigens nicht so sehr um Ziele, sondern eher darum, sich über seine Werte klar zu werden, also das, was einem im Leben wichtig ist. Das ist nötig, um ein erfülltes, intelligentes und sinnvolles Leben zu führen, in dem man Leiden auf ein Minimum reduziert und danach strebt, Glück zu erreichen, oder besser, eine angemessene Balance zu finden zwischen Glück und Leid. Ziele sind eher auf die Zukunft ausgerichtet, Werte beziehen sich eher auf die Gegenwart. Aus Achtsamkeitssicht ist es zwar auch wichtig, Ziele zu haben. Die zugrunde liegenden Werte sollten aber für Sie ebenso geklärt sein – und diese sollten bei Zielsetzungen immer berücksichtigt werden.

Dazu noch eine kleine Erläuterung: Ziele und Werte sind sich ähnlich, aber nicht unbedingt deckungsgleich. Ein Ziel könnte es zum Beispiel sein, einen bestimmten Job zu bekommen. Ein Wert bei der Arbeit ist aber eher etwas Qualitatives, Übergeordnetes, also zum Beispiel, dass Sie gerne mit Menschen zusammenarbeiten oder kreativ sein wollen. Zehn Kilo in einem halben Jahr abzunehmen, wäre ebenfalls ein Ziel. Ein Wert wäre, sich generell gesund zu ernähren.

Reflexion: Werte klären

In dieser Reflexion werden Sie sich darüber klar, ob Sie Ihren Werten entsprechend leben oder nicht. Wenn nicht, dann gilt es den jeweiligen Bereich zu identifizieren und ihn »aufzuräumen«. Dies bedeutet, sich eventuell neue Ziele zu setzen.

Die Bereiche (die im Leben jedes Menschen auftauchen), die wir hier unter die Lupe nehmen, sind:

- Familienbeziehungen
- Paar- und Liebesbeziehungen
- Beziehung zu Ihren Kindern
- Freundschaften und soziale Kontakte
- Beruf/Arbeit
- Bildung und persönliche Entwicklung
- Erholung/Spaß und Freizeit
- Spiritualität
- Einsatz für das Gemeinwohl und die Umwelt
- Gesundheit und körperliches Wohlbefinden
- Finanzen bzw. »das liebe Geld« – ein Bereich, der gerne ausgeklammert wird ...

Um sich über die jeweiligen Werte klar zu werden, stellen Sie sich für jeden Bereich die folgenden Fragen. Machen Sie sich dazu Notizen. Am Ende sollten hinter jedem Lebensbereich 2 bis 3 Werte stehen.

Familie

Hier sind die lieben Verwandten gemeint, also Geschwister, Eltern, Onkel, Tanten, Großeltern usw., also das sogenannte Ursprungssystem.

Fragen Sie sich, welche Qualitäten Ihnen innerhalb der Familie wichtig sind. Wie möchten Sie mit Ihren Verwandten umgehen und was erwarten Sie umgekehrt von Ihrer Familie (bezogen auf jede einzelne Person)? Wie wäre die Familie idealerweise?

Partnerschaft

Wie sollte idealerweise die Paar-/Liebesbeziehung beschaffen sein, also das Verhältnis zu Ihrem Partner? Was ist Ihnen hier besonders wichtig?

Kinder

Sofern Sie Kinder haben oder welche planen: Wie sähe Ihre Idealfamilie und Ihre Beziehung zu Ihren Töchtern/Söhnen aus? Wovon wäre das Verhältnis geprägt?

Freundeskreis

Welche Arten von Freundschaften sind Ihnen wichtig? Ernsthafte Beziehungen, eher Spaßfreundschaften oder beides? Wovon müssen Freundschaften Ihrer Meinung nach geprägt sein? Ist es Ihnen wichtig, gesellig zu sein, oder reichen Ihnen einige wenige Freunde?

Beruf
Was ist Ihnen wichtig bei der Arbeit? Wie sollte das Zusammenspiel im Kollegenkreis sein, wie das Verhältnis zu Vorgesetzten? Wann gehen Sie gerne zur Arbeit? Was wollen Sie dort erreichen? Ist es nur ein Job, oder wollen Sie etwas gestalten/erreichen?

Persönliche Entwicklung
Was würden Sie gerne noch lernen? Welche Fertigkeiten würden Sie reizen? Würden Sie gerne Tennis spielen, einen Segelschein machen, Schnitzen lernen, Ihr Wissen zur Kunstgeschichte erweitern? Gibt es noch eine Ausbildung oder Weiterbildung, die Sie reizen würde? Worüber würden Sie gerne mehr wissen?

Erholung/Freizeit
Was ist Ihnen hier wichtig? Welche Hobbys pflegen Sie schon, was würden Sie noch gerne ausprobieren? Wie sorgen Sie für Ausgleich?

Spiritualität
Der Begriff ist unscharf und hat viele Bedeutungen. Es kann sein, dass Sie Atheist sind und Ihnen dieser Bereich egal ist. Vielleicht schätzen Sie aber zumindest den Kontakt zur Natur. Vielleicht sind Sie aber auch in einer Gemeinde aktiv und praktizieren eine organisierte Religion. Was ist Ihnen hierbei wichtig?

Umwelt/Gemeinwohl
Wie tragen Sie zum Wohl Ihres Umfeldes bei? Engagieren Sie sich in einer Partei, der Nachbarschaft oder einem Verein? Wie, meinen Sie, müssten die Umwelt und Gemeinschaft gestaltet sein? Was ist für Sie hier von Bedeutung?

Gesundheit
Hier geht es um Körperpflege, Bewegung, Sport, Ernährung usw. Was bedeutet ein gesundes Leben für Sie?

Geld
Wollen Sie einfach nur Ihr Auskommen haben und schuldenfrei sein oder richtig wohlhabend? Was ist Ihnen hierbei wichtig? Oft steht viel Geld nur für einen anderen Wert, nämlich Freiheit und Unabhängigkeit. Das heißt, es geht eventuell gar nicht um Luxus und materiellen Besitz, sondern um etwas ganz anderes. Versuchen Sie zu klären, wozu Ihnen (viel oder wenig) Geld verhelfen soll. Dabei stoßen Sie vielleicht auf andere Werte.

Wenn Ihnen der oben stehende Themenkatalog zu ausführlich und umständlich ist, dann überprüfen Sie wenigstens Ihre Werte in den fünf wichtigsten Bereichen (etwas allgemeiner gehalten):
- Arbeit/Ausbildung
- persönliches Wachstum/Gesundheit
- Beziehungen
- Freizeit/Hobbys/Ausgleich
- Finanzen

Reflexion: Priorisieren

Sie sind sich nun über Ihre Werte im Klaren. Der nächste Schritt ist deren Priorisierung: Das heißt, es geht darum zu klären, wie wichtig Ihnen der jeweilige Wertebereich ist.

Sind Sie zum Beispiel ein »Workaholic«, dann ist Ihnen die Arbeit wichtiger als die Familie. Umgekehrt sind Sie als familienorientierter Mensch vielleicht nicht so sehr an der Arbeit interessiert und der Job ist lediglich »Broterwerb«.

Hier bietet es sich an, die Bereiche zu skalieren. Das heißt, Sie geben einen Punktwert von 0 (völlig unwichtig) bis 10 (sehr wichtig). Es könnte dabei zum Beispiel herauskommen:

Arbeit: 7; Familie: 5; Freizeit: 3; Gesundheit: 8

Als Nächstes skalieren Sie, wie sehr Sie Ihre eigenen Ansprüche und Vorstellungen im jeweiligen Bereich erfüllen. Auch hier ist die Skala von 0 (überhaupt nicht umgesetzt) bis 10 (total umgesetzt und erfüllt). Blicken Sie auf das letzte halbe Jahr zurück. Nehmen wir einmal an, Gesundheit hätte die Priorität 8 bei Ihnen (also sehr hoch). Im letzten halben Jahr waren Sie aber kaum beim Sport. Das ergäbe einen Wert von 3 in der Umsetzung. Es kann auch sein, dass Gesundheit nicht so wichtig ist, also einen Wert von 4 hat und Sie sich auch nicht groß darum gekümmert haben, hier also auch einen niedrigen Wert erreichen. Das wäre nicht so schlimm, weil es nicht Ihren Werten entspricht.

Tragen Sie die Werte in die nebenstehende Tabelle ein.

Für Resilienz ist es wichtig, dass Sie entsprechend Ihren Werten leben, weil Sie dadurch die Lebenszufriedenheit erhöhen. Identifizieren Sie also die Bereiche mit den größten Abweichungen und überlegen Sie, ob Sie dort Änderungen vornehmen wollen und, wenn ja, welche. In die Spalte ganz rechts tragen Sie dann ein, in welcher Reihenfolge Sie an den Punkten arbeiten wollen. Müssen Sie dringend wieder mehr Sport machen, so kommt dieser Punkt auf Platz 1. Ist Familienleben wichtiger, priorisieren Sie anders.

Für die konkrete Zielformulierung können Sie dann wieder die SMART-Formel weiter oben verwenden.

Werte-Erhebungsbogen

Wert	Wichtigkeit des Wertes	Umsetzung des Wertes	Priorisierung
Zeit für die Familie	10	5	1
gesund essen	8	7	4
Erfolg im Job	5	6	3
regelmäßiger Sport	7	3	2

Schreiben Sie für jeden Bereich einige Stichworte auf, die Ihren Lebenswert zusammenfassen, zum Beispiel »ein sportliches und gesundes Leben führen«, ein »liebevoller Vater sein« etc. Notieren Sie dann in Zahlen, wie wichtig dieser Wert auf einer Skala von 0 bis 10 ist (0 bedeutet nicht wichtig, 10 sehr wichtig). In der nächsten Spalte notieren Sie in Zahlen, wie erfolgreich Sie diesen Wert in den letzten 6 Monaten gelebt haben. Je höher die Wichtigkeit des Wertes, desto erfolgreicher sollte auch die Umsetzung sein. Ist das nicht der Fall, sind die beiden Werte also stark unterschiedlich, besteht Handlungsbedarf. Welche Werte, die Ihnen wichtig sind, erfahren nicht die entsprechende Priorisierung? Durchdenken Sie sorgfältig, an welchen Werten Sie in Zukunft intensiver arbeiten wollen. Machen Sie in der letzten Spalte eine Priorisierungsrangordnung. Der Wert, an dem Sie vorrangig arbeiten wollen, erhält den Rang 1, der nächste Rang 2 und so weiter.

Übung: Gehmeditation

Kommen wir nun wieder zu einer »richtigen« konzentrativen Meditation. Die vorherigen Reflexionen dienten eher der Klärung und dem Sortieren der Situation und dessen, was Ihnen wichtig ist.

Die Gehmeditation ist eine der wichtigsten Achtsamkeitsübungen überhaupt. Denn wir gehen jeden Tag sehr viele Wege entlang, ohne sie bewusst wahrzunehmen. Diese Übung bietet die Möglichkeit, eine Alltagssituation zu nutzen (nämlich das Gehen), um auch zwischendurch zu meditieren anstatt nur auf dem Meditationskissen.

Zunächst üben Sie natürlich in Ruhe zu Hause. Sie wählen eine kurze Strecke im Haus, im Garten oder in der Wohnung, auf der Sie ungestört hin und her gehen können. Nehmen Sie gerne eine Strecke, die sich wiederholt, zum Beispiel einen Korridor. Es gibt nun drei Grundprinzipien:

1. Sie gehen in Zeitlupe, also bewusst sehr langsam.
2. Sie achten konzentriert auf den Bewegungsablauf und den Körper (so wie im Bodyscan).
3. Wenn Sie das beherrschen, nehmen Sie noch die Achtsamkeit auf die Atmung im Gehen dazu.

Wenn Sie die drei Prinzipien verinnerlicht haben, können Sie hin und her wechseln zwischen Atmung und Körperwahrnehmung und auch das Tempo variieren (und wieder etwas schneller gehen). Während Sie gehen, versuchen Sie, sich nicht ablenken zu lassen und nicht zu bewerten und zu urteilen. Gehen Sie einfach nur hin und her.

Später können Sie dann versuchen, die Prinzipien in den Alltag zu übertragen. Wenn Sie auf der Arbeit einen bestimmten Weg haben, den Sie mehrmals am Tag gehen, versuchen Sie die Achtsamkeitsprinzipien hier im Alltag zu übertragen.

Sie gehen übrigens in der Achtsamkeitsphilosophie absichtslos und »ohne Ziel«, also ohne irgendwo ankommen zu wollen. Es geht nur um das Gehen an sich und um die Wahrnehmung der Gegenwart. Das ist zunächst eine Umstellung. Wir sind es ja gewohnt, immer irgendwo hinzugehen, und das meist recht schnell. Nun ist der Weg das Ziel und es geht nicht ums Ankommen. Finden Sie das paradox? Ja, das ist es tatsächlich. Probieren Sie es trotzdem aus und lassen Sie sich überraschen, wie es ist, ziellos umherzugehen.

Ein positives Selbstbild fördern

Wir stärken unsere Resilienz, indem wir unser Vertrauen stärken, dass wir Probleme aus eigener Kraft lösen und bewältigen können. Dies führt zu einem positiven Selbstbild.

Der nächste Punkt auf unserer Liste ist die Selbstliebe bzw. das Selbstmitgefühl. Wir trainieren uns darin, an uns selbst zu glauben. Selbstvertrauen wäre ein anderes Wort dafür. Gleichzeitig versuchen wir, wieder mehr auf unseren Instinkt zu hören, also unser »Bauchgefühl«, und uns nicht so sehr von Meinungen anderer abhängig zu machen.

Hier melden sich bei vielen Menschen Bedenken: Schließlich soll man doch nicht egoistisch sein und nicht nur an sich denken! Unsere Ellenbogengesellschaft ist schließlich geprägt davon, dass jeder nur an sich denkt und nur seine eigenen Interessen durchsetzt, und wozu das führt, dafür gibt es täglich ausreichend negative Beispiele. Begriffe wie Selbstoptimierung und Individualismus fallen Ihnen vielleicht ein und nicht zuletzt der strapazierte Begriff »Narzissmus«. Und es will ja niemand ein Narzisst sein. Lieber erwecken wir den Eindruck, dass wir »selbstlos« sind und anderen helfen. Dies kann wiederum dazu führen, dass wir unsere eigenen Bedürfnisse hinter denen anderer zurückstehen lassen. Umso wichtiger ist es, das richtige Gleichgewicht zu finden.

Narzissten haben wenig Empathie, sind arrogant, leicht kränkbar, nicht kritikfähig und besitzen eine übertriebene Selbstliebe. Sie gelten als manipulativ und täuschen gerne sich selbst und andere. All dies widerspricht natürlich den Achtsamkeitsprinzipien, die wir weiter oben kennengelernt haben, und ist auch keine Selbstliebe bzw. kein

Selbstmitgefühl, wie wir sie anstreben. In der Achtsamkeit bemühen wir uns um eine gesunde Selbstliebe und ein gesundes Selbstwertgefühl. Einige Autoren in der Psychologie sprechen vom »gesunden Narzissmus«. Selbstachtung oder Selbstannahme bedeuten zum Beispiel, dass man seine eigenen Stärken und aber eben auch die eigenen Schwächen kennt und akzeptiert. Ein selbstverliebter Egoist würde bei sich selbst gar keine Schwächen zugeben oder erkennen. Ein resilienter Mensch, der sich selbst liebt, hat dagegen Eigenschaften wie Flexibilität und Humor und ist fähig zur Selbstkritik.

Kristin Neff, eine amerikanische Forscherin, die sich sehr intensiv mit dem Thema beschäftigt hat, spricht von drei Eigenschaften der gesunden Selbstliebe. Was diese nicht ist, ist Selbstmitleid, ein übersteigertes Selbstgefühl (starkes Ego) oder ein Sichgehenlassen (Zügellosigkeit). Selbstmitgefühl besteht aus drei Komponenten:

- **Selbstfreundlichkeit** (self-kindness) bedeutet, den eigenen Schwächen und Fehlern gegenüber eine wohlwollende Haltung einzunehmen mit Geduld, Verständnis und Güte, so wie man es einem guten Freund gegenüber tut – im Gegensatz zu Selbstkritik und Selbstverurteilung, also einem zu strengen Umgang mit sich selbst.
- **Menschlichkeit** (common humanity) bedeutet, sich darüber klarzuwerden, dass es Teil der menschlichen Existenz ist, dass wir leiden und dass Sachen schiefgehen. Wir sind nicht allein und nicht die Einzigen, denen etwas Negatives passiert. Wir haben nicht einfach nur »Pech« und andere Glück. Glück und Leid wechseln sich ab – für uns alle.
- **Achtsamkeit** (mindfulness) bezieht sich auf den Umgang mit unseren Gedanken und Gefühlen. Negative Gefühle sollten nicht übertrieben, aber auch nicht unterdrückt werden. Anstatt uns zu viel mit negativen Gedanken zu identifizieren, sollten wir üben, ihnen nicht zu weit zu folgen, und uns nicht zu sehr mit ihnen beschäftigen. Stattdessen üben wir uns besser in Gleichmut und Akzeptanz, wie wir schon weiter oben kennengelernt haben.

Die Achtsamkeit sagt zum Beispiel: »Spüre das Unbehagen«, und das Selbstmitgefühl sagt: »Liebe und schätze dich inmitten deines Unbehagens«, oder: »Akzeptiere dich so, wie du bist, trotz deiner Schwächen.« Das ist ein Unterschied, und doch ergänzen sich die beiden Prinzipien. Insofern ist das Selbstmitgefühl eine Erweiterung des Achtsamkeitskonzeptes. Manche Autoren sagen, dass die beiden wie die zwei Flügel eines Vogels sind. Nur mit beiden kann man fliegen. Im Englischen heißt das Selbstmitgefühl übrigens: »Heartfulness«, im Gegensatz zur Achtsamkeit: »Mindfulness«. Aus dem Deutschen kennen Sie sicherlich die Redewendung »mit Herz und Verstand«, die etwas Ähnliches meint, nämlich die Ergänzung der beiden Prinzipien.

Reflexion: Selbstmitgefühl entwickeln

Was bedeutet es für Sie, mitfühlend mit sich selbst zu sein, sich sozusagen selbst auf die Schulter zu klopfen und freundlich mit sich selbst umzugehen? Sind Sie eher streng mit sich und selbstkritisch? Können Sie in Krisenzeiten liebevoll mit sich selbst umgehen und für sich sorgen? Können Sie bei sich selbst Schwächen und Fehler akzeptieren? Sind Sie geduldig mit sich? Wenn Sie einmal Pech haben, übertreiben Sie dann in Ihrer Reaktion, oder gelingt es Ihnen, angemessen zu reagieren und emotional im Gleichgewicht zu bleiben? Glauben Sie, dass nur Ihnen so etwas passiert, oder geht es anderen genauso? Stellen Sie fest, dass Sie oft sehr kritisch mit sich sind?

Stellen Sie sich eine solche Situation, in der Sie sich selbst heftig kritisieren, einmal vor, als passiere sie einer Freundin oder einem Kollegen. Wären Sie ähnlich streng und kritisch? Oder würden Sie doch eher tröstend und verständnisvoll reagieren? Warum, glauben Sie, können Sie das bei anderen Menschen, gehen aber mit sich selbst so hart ins Gericht? Notieren Sie sich Ihre Gedanken zu diesen Fragen.

Im Folgenden gehen wir verschiedene Möglichkeiten durch, wie man zu einer positiven Selbstwahrnehmung findet. Ein Teil der Übungen ist analytisch und Sie müssen sich Notizen dazu machen und über die geschilderten Konzepte nachdenken. Zum Teil sind es einfach Handlungsanweisungen. Zusätzlich sind konzentrative Meditationsübungen untergemischt. Legen Sie Stift und Notizbuch bereit, wir sehen uns nun die verschiedenen Bereiche an, in denen Sie Selbstmitgefühl üben können.

Reflexion: Gedanken

Wichtig für die Entwicklung von Selbstmitgefühl ist es, zunächst anzuerkennen, dass etwas nicht funktioniert hat oder dass es nicht so läuft, wie man es sich wünscht. Anstatt eine unangenehme Situation zu verdrängen und »Haltung zu bewahren« und sich zusammenzureißen, ist es von zentraler Bedeutung zu benennen, dass es einem im Moment schlecht geht.

Sagen Sie sich also ruhig: »Mir geht es im Moment nicht gut, es ist schlecht gelaufen, das war nicht mein Tag, ich bin traurig.« Vielleicht sogar: »Ich leide.« Beschönigen Sie nichts. Geben Sie der Trauer, der Wut oder der Angst ruhig Raum. Auch diese negativen Gefühle haben eine Daseinsberechtigung, und sie dauerhaft hinunterzuschlucken, macht krank. Erlauben Sie sich Ihr gesamtes Gefühlsspektrum und reden Sie Ihre Empfindungen nicht klein mit Sätzen wie »das ist nicht so schlimm«.

Anstatt sich dann aber zu lange im Gedankenkarussell zu drehen, können Sie die Beobachtungsübungen machen, die wir weiter oben kennengelernt haben, um sich zu distanzieren – durch Konzentration auf Atem, Gedanken, Gefühle etc. Wählen Sie, was Ihnen hier aus Ihrer nun schon etwas umfangreicheren Meditationserfahrung die besten Dienste tut.

Nach der Anerkennung des Schmerzes dürfen Sie sich auch relativierende Sätze sagen, wie »es kommt, wie es kommt«, oder ermutigende Sätze wie »irgendwie wird es schon funktionieren«. Meistens machen wir es umgekehrt: Wir zücken sofort ein paar »Durchhalteparolen«, bevor wir den Schmerz überhaupt zugelassen haben. Die Sätze halten dann nicht lange vor und wir werden dann irgendwann doch von Zweifeln oder Ängsten und Ärger eingeholt. Dem kommen Sie zuvor, indem Sie zuerst die Niederlage und das Unglück benennen, sich Ihre Schwäche zugestehen und den damit verbundenen Gefühlen etwas Raum geben. Es ist in Ordnung, für eine begrenzte Zeit zu leiden. Passen Sie aber auf, dass das Jammern nicht zum Selbstzweck wird.

Reflexion: nett zum Körper sein

Wenden Sie sich dann Ihrem Körper zu: Entspannen Sie ihn. Seien Sie gut zu ihm! Zum Beispiel durch Yoga oder Autogenes Training. Oder durch ein Mittagsschläfchen. Weitere Möglichkeiten sind ein warmes Bad oder eine Dusche, ein Saunabesuch, Schwimmengehen, gesundes Essen, ein warmer Tee oder Kakao, Spazierengehen, Sex, Kuscheln, eine Massage oder einfach Urlaub und »Rumgammeln«.

Was könnten Sie Ihrem Körper Gutes tun? Nehmen Sie sich ein paar Minuten Zeit und sammeln Sie Ideen für kleine Wohltaten.

Reflexion: mit Gefühlen Freundschaft schließen

Anstatt gegen unerwünschte Gefühle anzukämpfen, können Sie versuchen, sich mit ihnen anzufreunden (im übertragenen Sinne natürlich). In Krisenzeiten ist es okay, Schwäche zu zeigen und überwältigt zu sein. Anstatt »Stärke« zu zeigen, ist es in Ordnung, für eine gewisse Zeit Mitleid mit sich selbst zu haben und sich auch scheinbare Fehler zu vergeben. Es ist auch in Ordnung, sich selbst zu trösten, zum Beispiel durch einen Frustkauf, oder zu jammern und sich dadurch zu entlasten.

Auch dürfen Sie sich etwas gönnen und sich etwas schenken, wenn Ihnen etwas Schwieriges widerfahren ist. Etwas kochen, ins Konzert gehen, Musik hören, beten, ein Wochenende wegfahren, ein gutes Buch lesen, oder was auch immer Ihnen Freude bereitet und Halt gibt, ist jetzt okay. Sie dürfen sich das zugestehen, um emotional in einen besseren Zustand zu kommen. Es ist wichtig, diese sogenannten »Zufriedenheitserlebnisse« zu pflegen, auszukosten und zu genießen. Wer streng mit sich selbst ist, gesteht sich derartige Wohlfühlmomente nur begrenzt zu. Selbstmitgefühl bedeutet aber, gut mit sich umzugehen und positiven Momenten und Gefühlen mehr Raum zu geben.

Notieren Sie, welche Wohlfühlmomente Sie sich künftig in schwierigen Situationen gönnen wollen.

Reflexion: andere Menschen

Wer sich in schwierigen Situationen befindet, isoliert sich leicht und zieht sich ins Schneckenhaus zurück. Das ist für eine begrenzte Zeit auch okay zum Wundenlecken. Irgendwann muss man sich aber wieder nach außen wenden. Treffen Sie sich dann wieder mit Freunden und gehen Sie unter Menschen. Gemeint sind hier natürlich Leute, die Ihnen guttun. Sie müssen es ja nicht gleich übertreiben. Gönnen Sie sich den Austausch mit Freunden. Erzählen Sie auch ruhig, was Sie bedrückt, und holen sich den einen oder anderen Rat. Seien Sie aber auch einfach nur gesellig und haben Sie Spaß! Überlasten Sie Ihre Freunde nicht mit zu vielen Problemen. Die Dosis ist hier entscheidend.

Machen Sie sich Notizen, mit welchen Personen Sie was unternehmen könnten. Was könnte Ihnen guttun? Wünschen Sie sich eher ruhige Gespräche in entspannter Atmosphäre? Oder möchten Sie gerne richtig etwas unternehmen und Spaß haben? Welche Ihrer Freunde sind hierfür die richtigen Partner?

Reflexion: Spiritualität

Falls Ihnen dieser Bereich wichtig ist, sollten Sie sich kritisch ansehen, ob es in Ihrer Glaubensrichtung strenge Regeln gibt, die Selbstmitgefühl eher im Weg stehen. Die meisten Religionen befürworten zwar Barmherzigkeit anderen gegenüber, sind aber eher streng, wenn es um die eigene Person geht. Aus psychologischer Sicht ist es aber ausdrücklich notwendig, in einem gesunden Maß für sich selbst zu sorgen und dann auch anderen zu helfen.

Überdenken Sie darum gewisse religiöse Regeln und erlauben Sie sich, von diesen abzuweichen. Nur wer gut für sich selbst sorgt, kann für andere da sein.

Auch wenn Religion keine große Rolle in Ihrem Leben spielen sollte, unterschätzen Sie nicht, wie Sie kulturell geprägt wurden und was Ihnen in Ihrer Kindheit an moralischen Prinzipien beigebracht wurde, was Sie vielleicht verinnerlicht haben. Gibt es ethische Grundsätze (Gebote, Regeln) zum Thema Selbstliebe, die Sie zu streng mit sich selbst sein lassen? Ist Ihnen beigebracht worden, bescheiden zu sein, sich nicht zu wichtig zu nehmen, sich für andere einzusetzen? Bleiben Sie dabei auf der Strecke? Wie viel darf bzw. soll man geben, wie viel darf man nehmen? Wann ist das Verhältnis angemessen und ausgewogen? Ab wann wird man ausgenutzt und übervorteilt? Was wurde Ihnen dazu vermittelt?

Schreiben Sie auf, welche spirituellen Werte Sie haben und inwiefern diese Ihrer Selbstliebe im Weg stehen können. Formulieren Sie, wie Sie diese Werte in Zukunft interpretieren wollen.

Reflexion: Selbstschädigung unterbrechen

Der Übergang von Selbstdisziplin zu Selbstschädigung ist fließend. Überprüfen Sie, wie streng Sie mit sich selbst umgehen und ob Sie sich eventuell selbst schädigen, zum Beispiel durch falsche Ernährung, Drogen, Medienkonsum, Bewegungsmangel, oder indem Sie sich ständig zu Dingen zwingen, die Ihnen nicht guttun. Selbstmitgefühl bedeutet einen liebevollen Umgang mit sich selbst. Es ist okay, sich nicht gehen zu lassen, und wenn Sie sich und Ihrem Körper durch ungesunde Verhaltensweisen schaden, ist Einschreiten geboten, aber zu viel Härte und Disziplin sind ungesund. Seien Sie also nett zu sich! Gehen Sie freundlich mit sich um. Hören Sie auf, sich zu bestrafen!

Im Rahmen der Achtsamkeitsübungen können Sie Ihre Wahrnehmung dafür schärfen, was Ihnen schadet und was Ihnen guttut. Hören Sie zum Beispiel auf, sich selbst zu sehr zu kritisieren und zu streng mit sich zu sein. Stellen Sie die »Selbstverletzung« ein! Vielen Menschen ist gar nicht bewusst, dass das, was sie betreiben, Selbstverletzung sein könnte. Vielleicht sind Sie in den letzten Jahren nicht sehr achtsam mit sich umgegangen und waren sich gar nicht klar darüber, dass Sie sich selbst schädigen. Eventuell haben Sie sich über die Folgen keine Gedanken gemacht und wussten nicht, dass Sie es sich schuldig sind, sich um sich selbst zu kümmern!

Ziehen Sie in Erwägung, dass sie vielleicht eine gewisse Zeit nicht besonders mitfühlend mit sich selbst waren. Wenn es nicht so ist und Sie es eingehend überprüft haben, wunderbar. Ist es jedoch so, dann nehmen Sie sich die Zeit, um einige neue Grundregeln für sich selbst zu notieren.

Übung: Selbstmitgefühl

Um eine schwierige Situation zu bewältigen, ist es hilfreich, mit den dazugehörigen Emotionen mitfühlend umzugehen. Ein anderer Begriff dafür ist »Emotionsregulierung«.

Machen Sie sich zunächst ein entsprechendes Gefühl wie zum Beispiel Ärger oder Trauer bewusst und orten Sie es im Körper. Sitzen Sie dazu in der Meditationshaltung und nehmen Sie alle Empfindungen wahr, die im Moment zu einem bestimmten Thema da sind.

Dann richten Sie die Aufmerksamkeit auf die Herzregion und legen zur Unterstützung eine Hand dorthin. Lassen Sie eine mitfühlende Stimmung aufkommen. Beobachten Sie Ihren Atem, wie sich der Brustkorb hebt und senkt und wie Ihre Gedanken abschweifen. Holen Sie sie zurück zum Atem. Gehen Sie dann mit der Aufmerksamkeit wieder zu dem Gefühl, welches Sie untersuchen wollen. Wo nehmen Sie es am deutlichsten wahr?

Versuchen Sie, bei der dazugehörigen Körperempfindung zu bleiben, und pendeln Sie zwischen Atmung und Gefühl hin und her. Versuchen Sie dann, die Körperregion, wo das Gefühl am stärksten ist, zu entspannen. Sagen Sie innerlich zu der Stelle im Körper »entspannt, entspannt ...« oder »weich, weich, weich«. Spüren Sie, ob Sie die Muskulatur etwas lockern können. Lassen Sie aber dem unangenehmen Gefühl etwas Raum und kämpfen Sie nicht dagegen an. Sie können sich innerlich sagen: »Zulassen, zulassen, akzeptieren ...«

Dann stellen Sie sich vor, dass Sie Wohlwollen, Herzlichkeit, Mitgefühl und Freundlichkeit zu der Stelle im Körper schicken, wo sich das Gefühl am stärksten bemerkbar macht. Wenn Sie mit der Hand an die Stelle herankommen, legen Sie sie auf die Körperregion. Nun können Sie über die Hand Wohlwollen und Freundlichkeit in das Gefühl hineinsenden. Stellen Sie sich vor, dass über die Hand Mitgefühl in die Empfindungen und die besagte Stelle am Körper hineinfließt.

Der zusätzliche Aspekt, den wir hier dem bisher Gelernten hinzufügen, ist die freundliche, wohlwollende Aufmerksamkeit dem Gefühl gegenüber, das Selbstmitgefühl. Eine Variante der Übung ist es, sich vorzustellen, dass man das Gefühl, welches man regulieren möchte, wie ein Baby in den Armen hält und wiegt. Sie können sich auch vorstellen, dass Sie das Gefühl wie ein Baby einfach nur halten und trösten, ja ihm eventuell sogar ein Lied vorsingen oder -summen.

Selbstfürsorge betreiben

Nur wer gut für sich selbst sorgt, kann zufrieden sein und allen Fährnissen des Lebens begegnen. Damit erhalten wir uns selbst gesund und widerstandsfähig.

Selbstfürsorge bedeutet, die Aufmerksamkeit auf unsere eigenen Bedürfnisse und Gefühle zu lenken. Sich um sich selbst zu kümmern bereitet den Geist und den Körper darauf vor, mit Stresssituationen besser umzugehen. Schnell passiert es im Alltag, dass wir uns selbst vernachlässigen – und tatsächlich macht uns Härte gegenüber uns selbst nicht stärker, sondern schwächer.

Zur Selbstfürsorge gehört es, Aktivitäten zu pflegen, die uns Spaß machen und uns entspannen (sogenannte »Zufriedenheitserlebnisse«). Wichtig sind zudem regelmäßige Bewegung und Sport sowie eine gesunde Ernährung. Dazu ist es nicht notwendig, irgendwelchen Gesundheitstrends und Moden hinterherzulaufen; manche davon schaden tatsächlich mehr, als sie nützen. Besonders gilt dies für »Crash-Diäten« und Turboprogramme, die den schnellen Erfolg versprechen. Es ist aber unstrittig, dass eine gute Ernährung sowie regelmäßige Bewegung und körperliche Aktivität gesund halten. Der dritte Faktor im gesunden Lebensstil ist die Stressbewältigung. Diese betrifft das emotionale und geistige Wohlbefinden, mit dem wir uns in diesem Buch beschäftigen.

Die groß angelegte Health-and-Retirement-Studie der Max-Planck-Gesellschaft hat ergeben, dass Menschen, die sich an drei Grundregeln hielten, eine um 7 bis 11 Jahre längere Lebenserwartung haben (je nachdem, mit welcher Gruppe verglichen wurde). Die drei Regeln sind:

- kein Übergewicht (BMI unter 30)

- nicht rauchen
- keinen oder nur wenig Alkohol trinken

Ein weiterer Faktor für die Gesunderhaltung von Geist und Körper ist das Bildungsniveau. Das ist keineswegs diskriminierend gemeint. Gebildete Menschen werden statistisch gesehen älter. Ein niedriges Ausbildungsniveau bedeutet meistens auch einen schlechteren Job und ein niedrigeres Einkommen als bei gebildeten Menschen. Dies spricht dafür, dass Bildung und lebenslanges Lernen (geistige Fitness) die Wahrscheinlichkeit erhöhen, ein längeres Leben zu führen. Abgesehen davon gehört es auch zur Selbstachtung, informiert und geistig in Bewegung zu bleiben.

Zusammengefasst sollten Sie:
- kein Übergewicht haben
- auf Ihre Ernährung achten
- sich regelmäßig bewegen (Sport, Yoga, Pilates, Wandern)
- für Stressbewältigung (Ausgleich und Entspannung) sorgen
- sich stets weiterbilden und informieren (Gehirnjogging)
- jegliche Art von Drogen vermeiden

In den folgenden Übungen machen Sie eine Bestandsaufnahme, wo Sie stehen und wo Sie Ihren Lebensstil verbessern könnten.

Reflexion: Bestandsaufnahme – Gesundheit und Lifestyle

Es kann sein, dass Sie bereits gesund leben und all die Punkte beachten, die im vorhergehenden Abschnitt aufgeführt sind. Gehen Sie sie dennoch einmal systematisch durch. Dieser kurze Einstieg ins Thema kann natürlich nur ein Anfang sein und es würde den Rahmen des Buches sprengen, all diese Punkte zu vertiefen. Es geht hier nur darum, Ihre Achtsamkeit für diese Lebensbereiche zu verfeinern und zu schärfen, ohne zu übertreiben. Je mehr Sie darauf achten, desto gesünder werden Sie leben. Das heißt nicht, dass Sie zum Sklaven der Gesundheitsindustrie werden müssen.

Gewicht

Checken Sie Ihren BMI (Body Mass Index); er beziffert das Verhältnis von Größe und Gewicht. Er sollte idealerweise zwischen 19 und 25 liegen, auf jeden Fall aber unter 30. Im Internet gibt es sogenannte BMI-Rechner, wo Sie Ihre Werte eingeben können, zum Beispiel auf den Webseiten von Krankenkassen. Wenn Ihre Waage auch Ihren Körperfettanteil anzeigt, sollte er bei Frauen unter 30 liegen (besser unter 25 %), bei Männern unter 25 (besser unter 20 %). Sollten Sie stark übergewichtig sein, sollten Sie dringend Maßnahmen ergreifen, um abzunehmen. Ansatzpunkte sind betreute Diätprogramme und Sport, zum Beispiel im Fitnessstudio.

Ernährung

Haben Sie eine ungefähre Vorstellung davon, was gesunde Ernährung bedeutet? Achten Sie auf die Nahrungszusammensetzung und auf die Kalorienmenge? Sorgen Sie für frisches Essen und kaufen Sie »Bio«? Essen Sie häufig Süßigkeiten und Junk Food? Es lohnt sich, eine Woche oder zwei ein Esstagebuch zu führen – häufig fällt uns im Alltag nicht auf, wie viel ungesundes Zeug wir zwischendurch essen. Machen Sie sich zum Thema gesunde Ernährung schlau. Es gibt dazu auch viele gute Videos auf YouTube, wenn Sie nicht gerne lesen.

Sport

Gehen Sie regelmäßig zum Sport? Bewegen Sie sich in der Freizeit? Das kann auch Fahrradfahren oder Spazierengehen beinhalten, es muss kein ganzer Marathon sein. Oder sind Sie eine »Couch Potato«? Wenn ja, überlegen Sie sich, ob Sie daran etwas ändern möchten, und nehmen Sie den Kampf mit der Bequemlichkeit auf. Wenn Sie allerdings schon dreimal am Tag mit dem Hund Gassi gehen, am Wochenende an Sportwettkämpfen teilnehmen und einen körperlich anstrengenden Beruf haben, ist Bewegungsmangel vielleicht nicht Ihr vorherrschendes Thema.

Entspannung

Auf Anspannung und Stress müssen Ausgleich und Ruhe folgen. Was tun Sie zur Entspannung? So banal das auch klingen mag: Sorgen Sie für ausreichenden Schlaf? Machen Sie regelmäßige Pausen? Was fällt Ihnen zum Thema Entspannung ein? Spielt Wellness eine Rolle? Gehen Sie in die Sauna? Gönnen Sie sich ab und zu eine Massage? Kennen Sie Entspannungstechniken wie Autogenes Training oder Muskelentspannung nach Jacobson? Machen Sie sich generell klar, was Sie entspannt, auch wenn es »nur« ein Spaziergang ist. Wenn Ihnen hierzu wenig einfällt, dann machen Sie sich schlau zu dem Thema. Was könnte Ihnen gefallen und guttun?

Bildung

Wann haben Sie zuletzt ein gutes Buch gelesen oder sich für ein Thema interessiert? Nutzen Sie berufliche Weiterbildungsangebote in Ihrer Firma? Würden Sie gerne etwas Neues kennenlernen? Oder eine neue Fertigkeit erlernen? Wie wäre es mit einem Bootsführerschein oder einer Schnupperstunde auf dem Golfplatz? Wollten Sie schon immer Töpfern oder Nähen lernen oder sich als Heilpraktiker fortbilden? Auf welchem Gebiet kennen Sie sich gut aus? Was gibt es Neues in diesem Bereich? Was würde Sie interessieren? Sie wissen es selbst nicht recht? Sie könnten einfach in einen Buchladen gehen und sich dort inspirieren lassen.

Drogen

Die sind eigentlich selbsterklärend. Welche spielen vielleicht eine Rolle in Ihrem Leben? Die verbreitetsten sind in unserem Kulturkreis Alkohol und Nikotin. Überlegen Sie, ob Sie nicht beides aus Ihrem Leben eliminieren könnten. Auch eine Reduzierung wäre schon ein Schritt in die richtige Richtung. Für den Alkohol gibt es zum Beispiel die »Zweier-Regel«, das heißt nie mehr als zwei Gläser hintereinander und danach mindestens zwei Tage Pause. Eine weitere Droge, die den wenigsten bewusst ist, ist Zucker. Wenn Sie eine Schwäche für Süßigkeiten haben, überlegen Sie sich, ob Sie den Konsum einschränken können. Eine weitere Gefährdung besteht im übermäßigen Medikamentengebrauch, zum Beispiel bei Schmerz- und Schlafmitteln. Diese sollten nur bei Bedarf eingenommen werden. Es sei denn, dass Sie fest auf ein Medikament eingestellt sind, das Sie benötigen. Und dann wäre da noch der Medienkonsum. Vermeiden Sie übermäßiges Surfen im Internet und sinnloses Herumzappen am Fernseher! Es ist meistens Zeitverschwendung.

Der Übergang vom schädlichen Gebrauch zur Abhängigkeit ist ein fließender, den man oft gar nicht bemerkt. Auf sich zu achten bedeutet hier, ehrlich mit sich zu sein und sich im Falle einer Sucht professionelle Hilfe zu holen. Ein Termin in einer Suchtberatungsstelle kostet zwar Überwindung, ist aber erst einmal nur reine Information zu den Behandlungsmöglichkeiten. Ziehen Sie das in Erwägung, vor allem, wenn Ihr Umfeld Sie schon darauf aufmerksam gemacht hat, dass sich eventuell eine Abhängigkeit entwickeln könnte. Bei einer richtigen Sucht kommen Sie nicht umhin, sich professionelle Hilfe zu holen. Der Einstieg ist zunächst Ihr Hausarzt. Er kann Sie weiterleiten zu einem Spezialisten, der Sie gezielt unterstützen kann.

Alle oben aufgeführten Punkte haben übrigens etwas mit Gewohnheiten zu tun. Und diese lassen sich nicht ohne Weiteres verändern. Um eine Gewohnheit zu verändern, durchläuft man nach Meinung des amerikanischen Forschers James O. Prochaska insgesamt sechs Phasen:

1. Absichtslosigkeit: Hier erkennt die Person das Problem noch gar nicht oder will es nicht wahrhaben. In diesem Fall hätten Sie das Kapitel einfach schnell überflogen und für sich beschlossen, dass es Sie nicht betrifft.

2. Absichtsbildung: Nun wird das Problem durchaus erkannt, ohne dass ausreichende Motivation vorhanden wäre, es zu verändern. In diesem Fall wären Sie auf den einen oder anderen Punkt gestoßen, den Sie eigentlich verändern müssten. Sie hätten aber im Moment keine Lust dazu.

3. Vorbereitung: Nun geben Sie sich einen Ruck und treffen Überlegungen, was Sie konkret anders machen wollen.

4. Handlung: Das Verhalten wird nun wirklich verändert. Es erfolgt zum Beispiel das Probetraining im Fitnessstudio.

5. Aufrechterhaltung: Hier geht es ums »Dranbleiben«. Jetzt gehen Sie zum Beispiel tatsächlich zweimal in der Woche zum Sport. Zwischendurch gibt es kleine Rückfälle durch den inneren Schweinehund. Sie bleiben auch mal zu Hause und schwänzen einen Termin. Aber Sie bleiben insgesamt dran.

6. Terminierung und Endphase: Nun ist das neue Verhalten etabliert und ein Rückfall in alte Muster unwahrscheinlich.

Nach wissenschaftlicher Meinung benötigt man rund 66 Tage zum Angewöhnen eines neuen Verhaltensmusters. Es kann auch schneller gehen oder länger dauern. 66 Tage oder rund acht Wochen sind ein Mittelwert.

Setzen Sie sich selbst nicht unter Druck. Verändern Sie nicht zu viel auf einmal! Das wäre ja wieder eine Übertreibung. Gehen Sie es Schritt für Schritt an – langsam, aber beharrlich.

Übrigens gehört zur Selbstfürsorge auch der Besuch beim Hausarzt zur Vorsorge. Lassen Sie mal wieder einen Gesundheitscheck durchführen. Wie sind Ihre Laborwerte? Wann waren Sie das letzte Mal beim Doktor? Sie müssen nicht unbedingt Beschwerden haben. Sich um sich kümmern bedeutet auch, Präven-

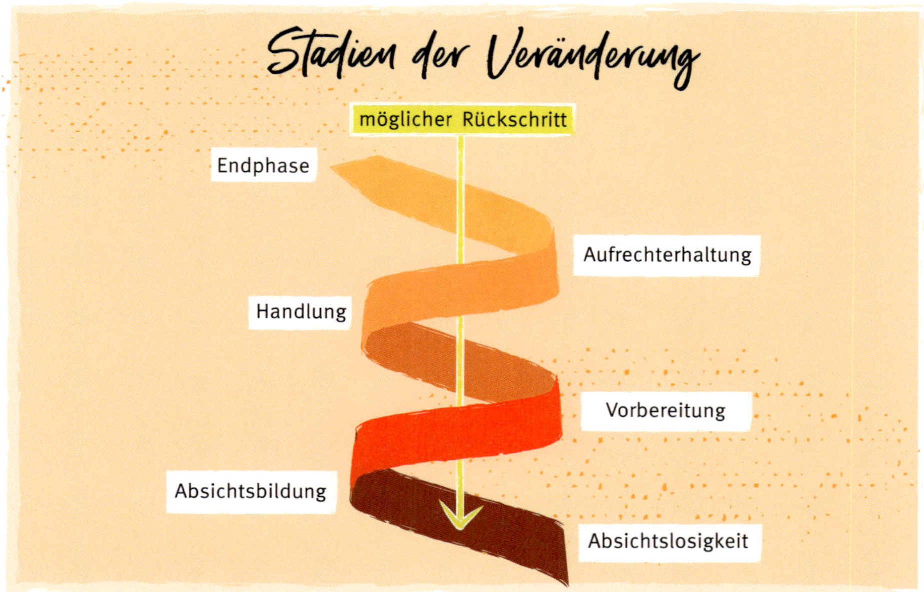

Das Transtheoretische Modell nach James O. Prochaska

tionsmaßnahmen durchzuführen. Ihre Krankenkasse hat mit Sicherheit ein entsprechendes Förderprogramm dazu. Ihr Hausarzt kann Ihnen vielleicht sogar Krankengymnastik oder Reha-Sport verordnen.

Idealerweise haben Sie nun eine Liste von Notizen. In welchem Bereich wollen bzw. müssen Sie etwas für sich tun?

Nach diesem bisher eher etwas »westlichen« Ansatz können wir dieses Kapitel aber nicht beenden, ohne eine klassische Meditationsübung zum Thema »auf sich Acht geben«. Sie nennt sich Meditation der »liebenden Güte oder Herzensgüte«.

Übung: Metta-Meditation (Herzensgüte)

Metta oder Maitri ist ein asiatisches Wort, das viele Bedeutungen hat, u. a. Güte, Freundschaft, Liebe, Freundlichkeit und Sympathie. Es ist eins der 40 Meditationsobjekte, die Buddha empfohlen hat.

Da es in diesem Kapitel um Selbstfürsorge geht, richten Sie die Güte zunächst auf sich selbst. Später weiten Sie die Güte auch auf Ihre Umwelt aus.

Sie nehmen die gewohnte Sitzhaltung ein und beginnen mit der Konzentration auf die Atmung. Schließen Sie die Augen und richten Sie die Aufmerksamkeit auf Ihre Herzregion. Wenn es hilft, können Sie eine Hand auf Ihr Herz legen. Lassen Sie ein Gefühl von Wohlwollen und Mitgefühl entstehen. Erinnern Sie sich daran, was Sie über Selbstmitgefühl gelernt haben. Geben Sie dem Gefühl Zeit, sich aufzubauen. Wenn Ihnen das schwerfällt, denken Sie an jemanden, für den Sie Wohlwollen und Freundlichkeit empfinden, um in die Stimmung zu gelangen. Es muss kein Mensch sein, es kann auch Ihr Haustier sein.

Als Nächstes stellen Sie sich vor Ihrem inneren Auge ein Bild von sich selbst vor, dass Sie von außen betrachten. Sie stehen sich sozusagen in der Fantasie selbst gegenüber. Erinnern Sie sich dann daran, dass alle Lebewesen glücklich und frei von Leid sein wollen. Wünschen Sie sich selbst in Gedanken: »Möge ich wie alle anderen Wesen auch glücklich und frei von Leiden sein!« Das ist die Grundabsicht der Übung. Betrachten Sie weiterhin Ihr Bild von sich selbst und lassen Sie Ihr Wohlwollen und Ihre Freundlichkeit zu diesem Bild hinströmen.

Wünschen Sie sich dann noch vier weitere Dinge. Sagen Sie sich innerlich (oder laut) die folgenden liebevollen Sätze:

» *Möge ich sicher sein!*
Möge ich glücklich sein!
Möge ich gesund sein!
Möge ich mit Leichtigkeit leben! «

Dies sind die klassischen Sätze, wie sie historisch überliefert sind. In der moderneren Form der Selbstmitgefühl-Literatur gibt es noch eine zeitgemäßere Formulierung:

» *Möge ich sicher sein!*
Möge ich in Frieden sein!
Möge ich freundlich zu mir selbst sein!
Möge ich mich selbst so annehmen, wie ich bin! «

Experimentieren Sie mit den verschiedenen Formulierungen und passen Sie sie eventuell an, sodass sie für Sie stimmig klingen. Machen Sie zwischen den einzelnen Sätzen eine Pause und vergegenwärtigen Sie sich, was die Begriffe jeweils für Sie bedeuten. Eventuell müssen Sie sie ein paar Mal wiederholen. Stellen Sie sich vor, Sie säßen bei einem guten Freund, dem es nicht sehr gut geht. Seien Sie einfach mitfühlend. Sie können ihn vielleicht nicht grundlegend heilen, ihm aber Freundlichkeit und Liebe entgegenbringen.

Wenn Sie während der Übung abgelenkt sind, kehren Sie zur Atmung zurück und sammeln Sie sich. Dann richten Sie die Aufmerksamkeit wieder auf die Stimmung im Körper (das Mitgefühl) und beginnen von Neuem.

Schließlich öffnen Sie die Augen und kehren zurück in den Raum.

Optimistisch bleiben

Optimisten verarbeiten Stress und Krisen deutlich besser als Menschen, die ständig mit dem Schlimmsten rechnen. Positiv in die Zukunft zu blicken hilft uns, mit Widrigkeiten umzugehen.

Eine optimistische Grundhaltung lässt Sie davon ausgehen, dass Ihnen im Laufe Ihres Lebens auch gute Dinge widerfahren werden. Natürlich wird auch mal etwas schiefgehen und es läuft nicht immer alles rund, aber Ihre Einstellung ist überwiegend positiv. Sie haben grundsätzlich Vertrauen in die Zukunft. Das Grundprinzip ist, sich vorzustellen, was man von der Zukunft erwartet und erwünscht, anstatt sich ständig Sorgen darüber zu machen, was alles schiefgehen könnte. Optimisten können dank ihrer Einstellung leichter mit Stress fertigwerden als Pessimisten – dies ist leicht nachvollziehbar, da Pessimismus zu Ängsten führt, die sich wiederum negativ auf Geist und Körper auswirken.

Natürlich soll das nicht bedeuten, dass Sie blauäugig und überoptimistisch durch die Welt gehen und dadurch unvorsichtig werden. Niemand sagt, dass Sie sämtliche Vorsicht über Bord werfen und sich nicht mehr anstrengen sollen in dem Glauben, dass immer alles gut gehen wird. Doch das ständige Ausmalen von Horrorszenarien beeinträchtigt Sie – wenn Sie also zu negativen Prognosen und Einstellungen neigen, ist jetzt ein guter Zeitpunkt, um eine Veränderung herbeizuführen.

Der amerikanische Psychologe Martin Seligman hat erforscht, dass drei Einstellungen insbesondere zu Optimismus führen:

1. Dauerhaftigkeit einer Krise: Optimisten glauben, dass ein Problem zeitlich

begrenzt ist und vorübergeht. Pessimisten denken eher, dass es anhaltend ist.

2. Personalisierung: Optimisten haben ein hohes Selbstwertgefühl und suchen die Ursache für ihre Schwierigkeiten eher in den Rahmenbedingungen oder in anderen Personen. Pessimisten vermuten das »Versagen« eher bei sich selbst, das heißt, sie geben sich gerne selbst die Schuld und haben ein niedriges Selbstwertgefühl.
3. Geltungsbereich: Ein Optimist begrenzt und beschränkt seine Niederlage auf den jeweiligen umschriebenen Bereich. Ein Pessimist verallgemeinert gerne und sieht das Versagen überall in allen Lebensbereichen.

Ein treffendes Wort hat dazu der Schriftsteller Mark Twain gesprochen:

» *Ich hatte mein ganzes Leben viele Probleme und Sorgen. Die meisten von ihnen sind niemals eingetreten.* «

Ein weiterer Begriff aus der Psychologie, der in diesem Zusammenhang wichtig ist, ist die Selbstwirksamkeitserwartung. Man weiß, dass Personen, die glauben, dass sie selbst etwas bewirken können, und die überzeugt sind, auch in schwierigen Situationen selbstständig handeln zu können, positiver gestimmt sind und sich mehr zutrauen als umgekehrt. Diese Menschen sind überzeugt davon, dass sie gezielt Einfluss nehmen können auf eine Außensituation. Sie glauben weniger, dass ein Problem nur von Außenfaktoren abhängt oder vom Zufall, sondern dass sie es beeinflussen können. Natürlich können sich Menschen mit einer hohen Selbstwirksamkeitserwartung auch völlig überschätzen. Erinnern Sie sich an das Kapitel mit dem Setzen realistischer Ziele. Ziele, die vernünftig geplant sind und in der eigenen Kontrolle liegen, sind wahrscheinlich auch erreichbar.

Reflexion: die drei Prinzipien des Optimismus anwenden

Befinden Sie sich aktuell in einer unglücklichen Lage? Versuchen Sie, alle eben genannten Gesichtspunkte darauf anzuwenden:

Gehen Sie davon aus, dass das Problem zeitlich begrenzt ist und sich nicht unendlich in die Zukunft erstreckt. Das gilt auch bei länger anhaltenden Konflikten, wie zum Beispiel einer unglücklichen Trennung.

Auch wenn Sie einen Eigenanteil an der Lage haben, suchen Sie die Schuld nicht nur bei sich, sondern erwägen Sie, dass auch andere Personen oder die Rahmenbedingungen mit dazu beigetragen haben und es somit nicht nur an Ihnen gelegen hat, wenn etwas schiefgegangen ist.

Begrenzen Sie den Bereich des Konfliktes. Ja, ein Teilbereich Ihres Lebens ist im Moment betroffen, aber vermutlich ein Großteil nicht. Die anderen Teilbereiche funktionieren noch. Versuchen Sie, eine Generalisierung zu vermeiden.

Reflexion: das Prinzip der Selbstwirksamkeit anwenden

Betrachten Sie erneut eine komplizierte Ausgangslage. Selbstwirksam wäre es, sich zu überlegen, wie Sie vergleichbare Konflikte in der Vergangenheit gelöst haben. Ihnen fällt dazu nichts ein? Das kann ich mir kaum vorstellen. Wenn Sie in Ihrer Erinnerung kramen, werden Sie feststellen, dass Sie sich durchaus schon mehrfach aus schwierigen Umständen befreit haben. Was können Sie daraus schließen? Wenn es in der Vergangenheit geklappt hat, ist die Wahrscheinlichkeit sehr hoch, dass es auch jetzt wieder klappen wird.

Machen Sie sich dann klar, welche Ihrer Lebensbereiche betroffen sind und welche nicht. Ein Optimist blickt zunächst auf seine Stärken und auf das, was funktioniert, und stellt dies dem negativen Ereignis gegenüber. Auch versucht er das Gute im Schlechten zu erkennen. Also machen Sie sich klar, was gerade in Ihrem Leben gut läuft und wo Sie unterstützt werden im Verhältnis zu Ihrem Problem. Was sind Ihre Ressourcen?

Sehen Sie sich zudem nach Vorbildern um. Wenn irgendjemand anderes ein vergleichbares Problem gelöst hat, ist es grundsätzlich möglich und könnte also auch Ihnen gelingen.

Wenn Ihnen immer noch nichts einfällt, besteht immer noch die Möglichkeit, sich Hilfe zu holen und sich von außen unterstützen zu lassen. In besonders verzwickten Situationen kommt man eventuell nicht ohne einen Anwalt oder Arzt oder spezialisierten Handwerker aus.

Ganz einfache Hilfe und Ermutigung kann übrigens aus dem näheren Umfeld kommen. Ihre Familie und Ihre Freunde können Sie moralisch unterstützen und begleiten. Den Großteil der Problematik müssen Sie zwar alleine bewältigen, es spricht aber nichts dagegen, sich Unterstützung zu holen.

Darüber hinaus ist es wichtig, dass Sie in Stresssituationen und bei größeren Herausforderungen so entspannt wie möglich sowie emotional und mental einigermaßen ausgeglichen bleiben, wie schon in den vorherigen Kapiteln besprochen.

Zusammengefasst: Versuchen Sie aus der Opferrolle herauszukommen und stärken Sie Ihr Selbstvertrauen und eine optimistische Grundhaltung. Das tun Sie, indem Sie Ihre Haltung nach den oben genannten Prinzipien entwickeln und Ihre Selbstwirksamkeit stärken. Natürlich wird es auch weiterhin Bereiche geben, die sich Ihrer Kontrolle entziehen und die Sie nur bedingt beeinflussen können. Dann können Sie sich aber immerhin sagen, dass Sie alles getan haben, was in Ihrer Macht stand. Ab einem gewissen Punkt entzieht sich dann ein Geschehen der Kontrolle. Dann wären wir wieder beim Thema »Akzeptanz« angelangt.

Übung: drei positive Dinge

Wir blenden im Alltag das Positive gerne aus und konzentrieren uns auf das, was möglicherweise schiefgehen könnte. Das hat etwas mit unseren Vorfahren zu tun, die sich ständig gegen Gefahren absichern mussten, um zu überleben. Besonders gesund für die Psyche oder zuträglich für eine optimistische Grundeinstellung ist das allerdings nicht gerade.

Benennen Sie darum jeden Tag drei Dinge oder Situationen, die positiv für Sie waren. Schreiben Sie sie in Ihr Notizbuch oder machen Sie sich einen Spaß daraus, abends Ihrem Partner oder Ihrer Familie zu erzählen, welche positiven drei Dinge Ihnen heute passiert sind. Es können auch Kleinigkeiten sein, zum Beispiel ein leckeres Frühstück oder die lustige Geschichte, die der Kollege erzählt hat, oder der Weg zur Arbeit ohne Stau. Sie werden erstaunt feststellen, wie viele schöne Dinge täglich passieren.

Machen Sie das regelmäßig, um ein Gegengewicht zu schaffen zu den zugegebenermaßen »schlechten« Dingen, die sich wahrscheinlich auch ereignet haben. Spüren Sie dabei die Dankbarkeit dafür, was ihnen alles Gutes widerfahren ist und was geklappt hat. Diese Übung kann sich erstaunlich stark auf das allgemeine Wohlbefinden auswirken – die Grundstimmung wird deutlich positiver und lebensfroher. Eigentlich kein Wunder ...

Eine Variante der Übung ist es, sich am Tagesende zu erzählen, was das Beste war, das einem passiert ist, und was das Schlechteste. Hier ist der Fokus anders gelagert; es geht eher darum, dass es kein Licht ohne Schatten gibt und umgekehrt.

Übung: Gleichmut

Betrachten wir ein weiteres geistiges Prinzip aus dem Buddhismus, das Prinzip des Gleichmuts oder der Gelassenheit. Gemeint ist hiermit eine ausgewogene Haltung.

Begeben Sie sich in die Meditationshaltung und nehmen Sie ein paar bewusste Atemzüge.

Kommen Sie zunächst in die meditative Grundstimmung und nehmen Sie sich etwas Zeit dafür. Denken Sie dann an drei

Personen: eine, die Sie mögen, eine, die Sie nicht so sehr mögen, und eine, die neutral und Ihnen sozusagen egal ist.

Denken Sie zunächst an die positive Person. Warum mögen Sie diesen Menschen? Was tut er, dass Ihnen guttut? Was sind überhaupt Ihre Kriterien, um jemanden zu mögen?

Denken Sie dann an die Person, die Sie nicht so gerne mögen. Was sind die Gründe für die Abneigung? Warum sollte man jemanden nicht mögen?

Denken Sie dann an die Person, die Ihnen egal ist. Warum ist sie Ihnen egal? Woran machen Sie es fest? Was sind die Kriterien dafür, dass jemand unbedeutend für Sie ist?

Überlegen Sie als Nächstes, ob Sie glauben, dass die Beziehungen zu diesen drei Personen dauerhaft sind und sein werden? Würden Sie Ihren Freund/die Freundin noch mögen, wenn er/sie Ihnen etwas Schlechtes zufügen würde? Was wäre, wenn umgekehrt die unsympathische Person Ihnen etwas Gutes täte? Oder wenn die bisher neutrale Person auf einmal nett zu Ihnen wäre? Könnte er theoretisch Ihr Freund werden? Lassen Sie sich Zeit für dieses Gedankenexperiment.

Erinnern Sie sich dann an Beziehungen aus der Vergangenheit, die sich »gedreht« haben. Wahrscheinlich kennen auch Sie die Erfahrung, dass ein Freund zum Feind oder Verräter wurde, und vielleicht haben Sie auch die Erfahrung gemacht, dass jemand später gut zu Ihnen passte, zu dem Sie zunächst auf Abstand waren.

Die Übung zielt darauf ab, jedem Menschen gegenüber so objektiv wie möglich gegenüberzutreten, ohne starke Emotionen, ohne Ablehnung oder Anhaftung. Denn Gefühle können sich jederzeit ändern. Natürlich müssen Sie weiterhin die Personen in Ihrem Umfeld einschätzen und beurteilen, ob sie Ihnen guttun oder nicht. Die Übung soll aber ein Gefühl vermitteln für den Weg der Mitte, also eine ausbalancierte Haltung der Gelassenheit und des Gleichmuts. Sie soll ein Korrektiv sein zu dem bisher Gesagten zum Thema Optimismus, der nur die »gute« Seite betont. Gleichmut bedeutet übrigens nicht Gleichgültigkeit.

Übung: Linsen

Hierbei handelt es sich um eine klassische Achtsamkeitsübung, die Sie durch den Tag begleitet. Sie nehmen ein paar Linsen oder kleine Kiesel und stecken sie morgens in Ihre linke Hosentasche. Im Laufe des Tages lassen Sie immer dann, wenn Ihnen etwas Positives oder Angenehmes widerfährt und worüber Sie sich gefreut haben, eine Linse von der linken in die rechte Hosentasche wandern. Am Ende des Tages zählen Sie, wie viele Linsen in welcher Tasche stecken.

So sensibilisieren Sie sich für das Positive in Ihrem Leben und nehmen es wieder bewusster wahr.

Es wäre allerdings naiv zu glauben, dass man mit einer entsprechenden Portion Optimismus alle Probleme löst, und es besteht die Gefahr der »rosa Brille«. Erinnern wir uns, im Leben geht es auf und ab:

Freude und Leid,
Gewinn und Verlust,
Lob und Tadel,
Ruhm und Schande wechseln sich ab.

Optimismus hilft uns, damit besser fertigzuwerden und umzugehen.

Übung: Genügsamkeit

Genügsamkeit bedeutet, mit dem zufrieden zu sein, was gerade ist. Das heißt nicht, dass Sie keine Bedürfnisse haben sollen, zum Beispiel nach Nahrung, Kleidung, Liebe usw. Unsere moderne Kultur übertreibt es aber mit dem ständigen Wunsch nach immer mehr materiellem Besitz, der nicht unbedingt zu mehr Zufriedenheit führt. Daher ist es wichtig, wieder zu erlernen, sich an kleinen Dingen zu erfreuen. Es geht darum, Prinzipien wie Einfachheit, Bedürfnislosigkeit und Dankbarkeit neu zu entdecken. Trainieren Sie in der folgenden Übung, den Blick darauf zu richten, was alles funktioniert, und nicht so sehr darauf, was misslingt. So entwickeln Sie eine dankbare, zufriedenere Grundhaltung.

Beginnen Sie wieder in der Meditationshaltung. Nehmen Sie ein paar Atemzüge. Beobachten Sie als Einstieg, welche Emotionen auftauchen. Sie können angenehm, unangenehm oder neutral sein. Stellen Sie das zunächst einmal fest. Lassen Sie dann den Geist, wie gewohnt, mehr und mehr zur Ruhe kommen.

Das Ziel ist nun, Dankbarkeit zu entwickeln für alle angenehmen Erfahrungen, die wir mit unseren Augen, unseren Ohren, dem Geruchssinn, dem Geschmackssinn und dem Tastsinn machen.

Dazu beschäftigen wir uns nach und nach mit den verschiedenen Sinnesbereichen. Zunächst die Augen: Schauen Sie bewusst auf das, was Sie im Moment wahrnehmen. Beobachten Sie nur, ohne zu werten, ganz fokussiert auf den Gesichtssinn. Werden Sie sich dann bewusst, wie wertvoll Ihre Augen sind und was Sie alles Schönes damit erblicken können, wie eine schöne Landschaft oder das Gesicht eines lieben Menschen. Lächeln Sie dann Ihren Augen in Dankbarkeit zu dafür, dass sie jeden Tag für Sie das Wunder des Sehens ermöglichen.

Gehen Sie dann bewusst zu Ihren Ohren. Nehmen Sie, ohne zu werten, wahr, ob Sie etwas hören oder ob Sie nur Stille wahrnehmen (auch Stille kann man genießen). Welche Geräusche nehmen

Sie wahr? Werden Sie sich dann bewusst, wie wertvoll Ihre Ohren sind und was Sie alles Schönes damit hören können, wie angenehme Musik, Naturgeräusche oder die Stimme eines lieben Menschen. Lächeln Sie dann Ihren Ohren in Dankbarkeit zu dafür, dass sie jeden Tag für Sie das Wunder des Hörens ermöglichen.

Gehen Sie dann bewusst zu Ihrem Geruchssinn. Nehmen Sie, ohne zu werten, wahr, ob Sie gerade etwas riechen. Vielleicht haben Sie eine Duftkerze oder ein Räucherstäbchen angezündet? Oder riechen Sie den Duft von Erde? Werden Sie sich dann bewusst, wie wertvoll Ihr Geruchssinn ist und was Sie alles Schönes damit riechen können, wie Blumenduft, Rasierwasser oder den Duft von Kaffee. Lächeln Sie dann Ihrer Nase in Dankbarkeit zu dafür, dass sie jeden Tag für Sie das Wunder des Riechens ermöglicht.

Gehen Sie dann auf dieselbe Weise zu Ihrem Geschmackssinn und Ihrem Tastsinn. Nachdem Sie so durch alle fünf Sinne gewandert sind, verbleiben Sie noch ein paar Minuten in diesem Gefühl von Dankbarkeit und Zufriedenheit und lassen Sie die Stimmung nachwirken. Sie müssen nicht reich sein, um diese Übung zu machen. Sie steht Ihnen jederzeit zur Verfügung. Sie trainieren sich darin, sich am Kleinen zu erfreuen. Es braucht nicht viel, sich kurz bewusst zu machen, wie viel Positives Sie erleben und dass Sie alles haben, was Sie benötigen, um im gegenwärtigen Augenblick anzukommen, zu meditieren und Genügsamkeit zu entwickeln.

Der lachende Buddha

Aus chinesischen Restaurants oder von Asienreisen kennen Sie vielleicht den lachenden Buddha oder Budai. Die Figur beruht auf einem Bettelmönch, der tatsächlich im 10. Jahrhundert gelebt hat. Er hat einen kräftigen Körperbau, was für Wohlstand steht, und wird meistens lachend (steht für Selbstgenügsamkeit) dargestellt. In seinem Sack hat er Geschenke für die Kinder, aber auch für Arme. Er ist gelassen und zufrieden mit sich und der Welt und immer gut gelaunt. Es bringt Glück, wenn man einer Budai-Figur über den Bauch streicht. Also fehlt es auch im Buddhismus nicht an Darstellungen eines gesunden Optimismus. »Zum Glück!« Vielleicht mögen Sie sich ja eine kleine Dekofigur vom Budai für den Schreibtisch besorgen? Er kann Sie dann im Alltag an den nötigen Optimismus erinnern.

Netzwerke und soziale Unterstützung

Gute Beziehungen mit Familienmitgliedern, Partnern und Freunden sind besonders wichtig für die Resilienz – zusammen ist man stärker.

Kommen wir zum letzten Aspekt, unserer Umwelt. Bisher waren die Empfehlungen, Betrachtungen und Übungen mehr auf Sie persönlich bezogen. Was ist aber mit Ihrem Umfeld?

Resiliente Menschen bauen sich ein funktionierendes Kontaktnetzwerk auf, pflegen gute Beziehungen und lassen sich in schwierigen Zeiten unterstützen und helfen. Sie kennen das Prinzip sicher schon. Im Arbeitsleben ist man effektiver, wenn man in Teams zusammenarbeitet und ein Netzwerk von Unterstützern aufgebaut hat. Businesspartner arbeiten gerne mit uns zusammen, wenn Sie wissen, dass wir verlässlich sind. Wenn wir anderen etwas bedeuten und sie uns zuhören und sich für uns interessieren, wir uns angenommen und geschätzt fühlen, ist unser Leben schöner. Eigentlich ist das selbstverständlich.

Woran merken wir, dass uns jemand guttut? Es sollte zunächst einmal ein tugendhafter Mensch sein, der ethischen Prinzipien folgt. Eine Folge von ethischem Verhalten sind zum Beispiel die Ausgewogenheit von Geben und Nehmen, gegenseitiger Respekt (auch bei unterschiedlichen Ansichten) und das Verzichten auf unnötige Machtspiele.

Erinnern Sie sich noch an die fünf ethischen Gebote der Achtsamkeit? Sofern Familienmitglieder, Freunde oder Arbeits- und Vereinskollegen sich weitestgehend an diese Prinzipien halten und vielleicht außerdem noch humorvoll, sympathisch, mitfühlend und freundlich

Die fünf Gebote der Achtsamkeit

Nicht töten – Achtung vor dem Leben
Nicht stehlen – Großzügigkeit
Kein sexuelles Fehlverhalten – sexuelle Verantwortung
Nicht lügen – aufmerksames Zuhören und einfühlsames Reden
Keine Drogen – achtsamer Umgang mit Konsumgütern

sind, kann man davon ausgehen, dass wir uns in Krisenzeiten (und natürlich auch in »Friedenszeiten«) an sie wenden können. Umgekehrt kann jemand, der diese Prinzipien nicht befolgt, uns eher belasten und ist nicht unbedingt hilfreich. Das gilt sogar für Familienmitglieder! Nur weil jemand zur Familie gehört, bedeutet das nicht automatisch, dass man ihm oder ihr vertrauen kann. Selbst in den »besten Familien« gibt es schwarze Schafe. Hier gilt es eher, Abstand zu halten!

Überprüfen Sie ruhig bestehende Beziehungen von Zeit zu Zeit. Menschen, die früher verlässlich waren, müssen dies nicht unbedingt auch heute noch sein. Menschen können sich ändern. Bedenken Sie das!

Die ethischen Grundlagen gelten natürlich auch für uns selbst. Fassen Sie sich also ruhig an die eigene Nase und überprüfen Sie für sich selbst, ob Sie den Prinzipien überwiegend folgen. Wenn Sie ehrlich und verlässlich sind, wird es anderen Menschen umgekehrt leichtfallen, Ihnen zu vertrauen.

Bindungen als Quelle für Resilienz

Eine sichere Bindung innerhalb der Familie in der Kindheit schafft Urvertrauen im späteren Leben. Selbst eine einzige Person, zu der eine liebevolle Bindung besteht, kann es ermöglichen, in einem belasteten Umfeld zu bestehen. Selbst wenn zum Beispiel die Eltern Alkoholiker sind oder gewalttätig, kann eine liebevolle Oma, der beste Freund oder ein vorbildhafter Lehrer oder Trainer im Sportverein die negativen Einflüsse zum Teil ausgleichen. Menschen, die einem zuhören und sich um einen kümmern, sind immens wichtig. Das Annehmen von Hilfe und soziale Unterstützung stärken die Resilienz.

Das Annehmen von Hilfe darf übrigens durchaus auch von professionellen Kräften kommen, wie zum Beispiel dem Hausarzt, der Psychologin, dem Steuerberater oder Ihrem Anwalt.

Es ist also nicht nur die eigene Stärke, die die Resilienz hervorruft, sondern auch die Hilfe von außen. Es kann immer Zeiten geben, in denen man auf Fremdhilfe angewiesen ist. Man sollte sie dann nicht ausschlagen. Wir tendieren dazu, unsere Probleme lieber alleine zu lösen und niemanden damit zu behelligen. Wir wollen vielleicht niemandem zur Last fallen. Doch Krisenzeiten schafft man eventuell nicht allein – so schwierig es ist, sich das einzugestehen. Umgekehrt sollte man nicht wegen jeder Kleinigkeit allen Familienmitgliedern und Freunden auf die Nerven gehen – das würde eine Überbeanspruchung der Beziehung bedeuten und auch eine zu große Abhängigkeit von anderen als Ressource. Freunde und Verwandte können es dann vielleicht nicht mehr hören, wenn man zum 100. Mal dieselbe Platte auflegt. Hier ist also eine realistische Einschätzung der Situation gefragt.

Ein weiterer Bereich in diesem Themenkomplex ist die Mitgliedschaft in Organisationen, die sich sozial engagieren, wie Gemeinde, der Stadtrat, ehrenamtliche Organisationen usw. Dadurch, dass man anderen hilft, leistet man einen sinnvollen Beitrag in der Gemeinschaft, was einem selbst wiederum ein gutes Gefühl gibt. Denn wir leben ja nicht isoliert von unserem Umfeld, sondern in ständiger Wechselwirkung und im ständigen Austausch. Wenn wir anderen Menschen helfen, geben wir etwas von dem zurück, was wir erhalten haben. Wichtig ist dabei die Ausgewogenheit im Geben und Nehmen. Es darf kein »Ausnutzen« sein. Voraussetzung für soziales Engagement ist überdies, dass man auch die Zeit, Energie und Gesundheit dafür zur Verfügung hat, um sich einzubringen. Prüfen Sie darum, ob Sie noch »Reserven« übrig haben. Sofern Sie schon »auf Reserve laufen«, können Sie nicht noch anderen helfen, sondern müssen sich erst um sich selbst kümmern.

Menschen haben unterschiedlich starke Wünsche nach Nähe und Distanz. Wenn Sie eher ein Einzelgänger sind, reichen Ihnen vielleicht ein bis zwei sehr gute Freunde. Wer gerne ständig von Menschen umgeben ist, hat ein größeres Umfeld. Es gibt hier kein Richtig oder Falsch. Wichtig ist Flexibilität. Als geselliger Mensch benötigen Sie vielleicht zur Abwechslung mal etwas Ruhe und Rückzug, um durchatmen zu können, und als »Eremit« wäre es vielleicht ganz nett, mal aus der Versenkung hervorzukommen. Einsamkeit und Rückzug können auch eine Flucht und Vermeidung sein, genauso wie das Bad in der Menge. Eventuell wollen Sie sich nur ablenken und verstecken sich unter Ihren Mitmenschen. Bleiben Sie aufmerksam und ertappen Sie sich selbst bei Vermeidungsstrategien.

Wichtig für das Anknüpfen und Aufrechterhalten von Beziehungen ist soziale Kompetenz. Dazu gehören vor allem zwei Eigenschaften: Konfliktfähigkeit bzw. Durchsetzungsfähigkeit (also das Vertreten von eigenen Positionen), Kooperationsbereitschaft und Anpassungsfähigkeit (die Fähigkeit, sich in Gruppen einordnen zu können).

Was ist damit im Einzelnen gemeint? Ein wirkungsvolles Miteinander beinhaltet, dass man um etwas bitten kann, das man benötigt oder sich wünscht, auch wenn man es vielleicht nicht bekommt. Es beinhaltet, Nein sagen und sich abgrenzen zu können. Es beinhaltet die Fähigkeit, unterschiedlichen Standpunkte zu akzeptieren. Es beinhaltet, dass Beziehungen bestehen bleiben trotz gegensätzlicher Positionen und dass die Selbstachtung in Beziehungen stets erhalten bleibt, dass man also eigene Positionen nicht ständig aufgibt und hintanstellt, dass man seinen eigenen Standpunkt aber auch nicht grundsätzlich durchsetzt und erzwingt. Und es bedeutet, sich in andere Menschen hineinversetzen zu können.

Die Grundregeln des Zusammenseins sind sehr komplex und es würde den Rahmen des Buches sprengen, alle Prinzipien der sozialen Kompetenz zu erörtern. Sollten Sie weiterführendes Interesse haben, so bietet eine gut sortierte Buchhandlung ausreichend Material.

Mensch und Umwelt

Ein Aspekt, der in diesem Zusammenhang gerne vergessen wird, ist übrigens die Interaktion und Beziehung mit unserer Umwelt. Wir sind nicht nur von Menschen umgeben, sondern auch von der Natur mit ihren Pflanzen und Tieren sowie den Elementen (Wasser, Erde, Luft). Wir alle wissen von den Klimaveränderungen, verschmutzten Gewässern, belasteten Böden und Massentierhaltung. Aus Sicht der Achtsamkeitsmeditation sind wir aber mit allem verbunden und alles ist wechselseitig voneinander abhängig. Am Klimawandel sieht man deutlich, wie der Mensch in die Natur eingegriffen hat und welche Folgen das hat. Ein ganzheitlicher Umgang mit der Natur ist unbedingt vonnöten, weil der Mensch sich in einer zerstörten Welt noch so viel Resilienz wünschen mag, er kann ohne einen friedlichen und harmonischen Umgang mit seiner Mitwelt und ohne die anderen lebenden Wesen nicht existieren. Es ergibt sich daraus der Appell, achtsam und nicht verschwenderisch mit Ressourcen umzugehen, die Natur zu schützen, möglichst vegetarisch und aus biologischem Anbau zu essen, Materialien zu recyceln und erneuerbare Energien zu nutzen.

Auf Spaziergängen und Wanderungen können Sie sich mit der Natur verbinden und sich darüber klar werden, wie Sie von ihr abhängen. Versuchen Sie sich immer wieder der wechselseitigen Abhängigkeit bewusst zu werden. Nicht umsonst fahren Menschen in der Freizeit in die Natur (»ins Grüne«), um dort wieder aufzutanken und um zu entspannen. Dies ist übrigens eine andere Art der Meditation, die Sie in Anspruch nehmen können, wenn es Ihnen einmal nicht so gut geht und wenn Sie gerade keine Lust auf andere Menschen haben.

Reflexion: das soziale Netz

Zücken Sie Ihr Notizbuch und machen Sie eine Bestandsaufnahme im Bereich Sozialleben. Haben Sie sich eher zurückgezogen und sozial isoliert? Oder sind Sie »überaktiv« und haben eher zu viele Termine, denen Sie kaum noch nachkommen können? Es nützt wenig, wenn Sie viele Leute kennen, aber gar keine Zeit haben, die Kontakte zu pflegen. Dann handelt es sich eher um Bekanntschaften, die emotional wenig Rückhalt bieten.

Fragen Sie sich: Ist die Menge der Termine im sozialen Umfeld Ihrer Meinung nach angemessen, zu viel oder zu wenig? Welche Konsequenz wollen Sie daraus ziehen? Müssen Sie Ihren Freundeskreis eher abspecken und auf einen harten Kern reduzieren? Statistisch geht man im Durchschnitt von höchstens drei guten, engen Freunden aus, die einem in schwierigen Zeiten auch helfen würden. Darüber hinaus hat man im Allgemeinen noch rund 12 »Durchschnittsfreundschaften«, die zum Beispiel zu Geburtstagen oder anderen Festen eingeladen werden. Hinzu kommt noch die Familie. Dies ist natürlich ein Mittelwert. Selbst wenn man mehr Freundschaften pflegen wollte, würde man es zeitlich gar nicht schaffen. Schließlich verbringen wir den Hauptteil unserer Zeit bei der Arbeit und mit unserer Kernfamilie. Freundschaften werden im Alter im Allgemeinen weniger, nehmen dafür an Qualität zu, sind also intensiver und vertrauensvoller.

Überprüfen Sie als Nächstes die bestehenden Freundschaften darauf, ob sie noch verlässlich und tragfähig sind, ob sie Ihnen guttun oder ob sie eher belastend sind. Ziehen Sie gegebenenfalls Konsequenzen. Möglicherweise müssen Sie bestimmte Kontakte wieder aktivieren, andere benötigen vielleicht eher etwas mehr Distanz. Dasselbe gilt für Familienmitglieder, auch wenn man in diesem Fall diplomatisch vorgehen muss. Vielleicht muss Tante Ilse ja nicht jedes Wochenende zum Kaffee kommen, und die lieben Schwiegereltern könnten sich auch ruhig etwas weniger in die Erziehung der Enkelkinder einmischen. Bei größeren Differenzen innerhalb der Familie ist vielleicht eine befristete »Sendepause« angezeigt oder umgekehrt nach längerem Abstand vielleicht eine mögliche Versöhnung.

Wenn Sie Freundschaften und soziale Kontakte eher vernachlässigt haben, ist es vielleicht an der Zeit, sie wieder zu beleben und dem Thema mehr Raum zu geben. Kramen Sie alte Freundschaften hervor und rufen Sie einfach mal an (auch nach langer Zeit). Vielleicht lässt sich die Beziehung wieder aufnehmen. Vielleicht passt es auch nicht mehr. Wenn nicht, ist es aber auch nicht schlimm. Machen Sie sich keinen Druck. Um mit »neuen« Menschen in Kontakt zu kommen, sollten Sie über Ihre Interessen und Stärken nachdenken. Wo könnten Sie sich einbringen mit bestimmten Fähigkeiten? Beispiel: Sie haben früher in einer Mannschaft Fußball gespielt und könnten jetzt eine Jugendmannschaft trainieren. Es ist einfacher, jemanden kennenzulernen in einem Bereich, der einen interessiert und in dem man sich auskennt. Wenn Sie gerne wandern, könnten Sie sich einer Gruppe anschließen. Oder Sie lernen eine neue Fähigkeit, die Sie schon immer gereizt hat, Tanzen, Yoga, was auch immer. Dabei lernen Sie zwangsläufig neue Leute kennen. Vielleicht ist ja jemand dabei, mit dem Sie sich gut verstehen.

Im Ehrenamt werden immer Leute gesucht. Sie könnten in der Gemeinde oder Politik aktiv werden und sich einbringen. Auch VHS-Kurse oder ein Sportverein sind klassische Möglichkeiten, unter Leute zu kommen. Bevor Sie jetzt losstürmen, überprüfen Sie aber, wie viel Zeit Ihnen dafür überhaupt zur Verfügung steht. Seien Sie realistisch. Wenn Sie von 0 auf 100 gehen und sich für vier Sachen anmelden, besteht die Gefahr der Verzettelung.

Es geht hier übrigens ausdrücklich um soziale Kontakte und nicht um sexuelle Bekanntschaften und/oder Partnerschaften. Das Thema steht auf einem anderen Blatt und wird leider oft vermischt. Wenn Sie einsam sein sollten und eigentlich den Hintergedanken haben, den Partner fürs Leben kennenzulernen, behindert das den unbeschwerten normalen Kennenlernprozess von Freunden und Bekanntschaften. Wenn Sie einen neuen Partner suchen, sollten Sie eher ein Dating-Portal besuchen, wo es explizit nur darum geht. Das ist übrigens völlig okay. Sie sollten Sozialleben und Partnersuche aber sauber voneinander trennen.

Lassen Sie all diese Themen und Fragen auf sich wirken und schlafen Sie eine Nacht darüber, um sich über diesen Lebensbereich weiter klar zu werden.

Reflexion: achtsam kommunizieren

Kommen wir nun zum Punkt des achtsamen Zuhörens und achtsamen Sprechens. Nutzen Sie dazu eine anstehende Gesprächssituation, um beides zu üben.

Zunächst regeln Sie (nach Möglichkeit) die Grundvoraussetzungen und Rahmenbedingungen für ein gutes Gespräch. Gewährleisten Sie Ruhe und reduzieren Sie Ablenkungen und Störungen, indem Sie einen festen Gesprächstermin mit genügend Pufferzeit in einem ruhigen Ambiente vereinbaren und dafür sorgen, dass Sie nicht gestört werden. Dazu kann in einem Arbeitskontext dazugehören, ein »Bitte nicht stören«-Schild an die Tür zu hängen und das Telefon umzuleiten.

Als Nächstes hören Sie einfach nur zu. Das ist gar nicht so leicht. Vermeiden Sie gemäß dem Achtsamkeitsprinzip reflexhafte Bewertungen und Kategorisierungen des Gehörten, soweit Ihnen das möglich ist. Es gibt einfach nur verschiedene Standpunkte zu jedem Thema. Versuchen Sie, die »Richtig oder Falsch«-Reaktion zunächst zurückzustellen, und hören Sie nur zu. Selbst, wenn Ihnen die Meinung Ihres Gegenübers völlig abwegig vorkommt.

Gehen Sie, wenn nötig, sicher, dass Sie alles richtig verstanden haben. Psychologen nennen das »paraphrasieren«. Fragen Sie nach: »Ich habe Ihren/deinen Äußerungen Folgendes entnommen ...« Wiederholen Sie in eigenen Worten das, was Sie verstanden haben. Vielleicht passt es, vielleicht muss die Gegenseite etwas genauer erklären und korrigieren.

Seien Sie wirklich interessiert an dem, was die andere Person sagt. Achten Sie auch auf die Körpersprache – Ihre eigene und die des Gegenübers. Ist die Atmosphäre entspannt und sind die Bewegungen locker? Einfach nur beobachten. Seien Sie in der Gegenwart. Dabei kann Ihnen die Atembeobachtung helfen. Achten Sie darauf, nicht in Gedanken abzudriften oder sofort Lösungen herauszukramen. Versetzen Sie sich in die andere Person und versuchen Sie, die Situation aus ihrer Perspektive zu sehen und zu verstehen. Denken Sie an den neutralen Beobachter aus den früheren Übungen.

Wenn polarisierende Themen (sogenannte »Reizthemen«) besprochen werden, reagieren Sie nicht, sondern wahren Sie Distanz. Versuchen Sie nicht, recht zu haben oder einen Dialog zu gewinnen wie in einem Wettkampf. Das wäre narzisstisch. Unterbinden Sie den Impuls, zu demonstrieren, wie »toll« Sie sind. Darum geht es hier nicht! Halten Sie Ihre Persönlichkeit weitestgehend heraus. Vergessen Sie auch die Ergebnisorientierung. Sie müssen nichts erreichen. Wenn ein Gespräch zu einem Ergebnis führt, umso besser. Es besteht aber kein Zwang.

Halten Sie sich daher auch mit sofortigen Lösungsvorschlägen zurück. Nehmen Sie erst einmal nur die Informationen auf. Wenn Sie von der anderen Seite etwas erwarten, wie zum Beispiel in einem Verkaufsgespräch, bewahren Sie ebenfalls die Ruhe und preschen nicht gleich vor. Zügeln Sie Ihre »Gier«. Achten Sie auf das Timing. Natürlich kann es sein, dass Sie sich im Laufe des Gespräches selber positionieren müssen und eine Entscheidung treffen sollen. Aber alles zu seiner Zeit.

Halten Sie dann eine Pause ein, bevor Sie antworten. Wenn Sie eine Entscheidung treffen sollen oder erst nachdenken wollen, bitten Sie um eine Bedenkzeit. Wenn Sie gleich etwas sagen mögen, ist es auch in Ordnung. Wählen Sie aber Ihre Worte. Bemühen Sie sich um eine freundliche Haltung. Machen Sie klar, dass das, was Sie sagen, Ihr Standpunkt zu dem Thema ist und dass es in Ordnung für Sie ist, wenn Ihr Gegenüber eine andere Position einnimmt. Seien Sie so ehrlich wie möglich. Bemühen Sie sich aber auch, das Gegenüber nicht zu kränken. Was Sie sagen, sollte hilfreich sein und im Thema weiterhelfen. Wobei es nicht nur eine inhaltliche Lösung sein kann, sondern Sie auch einfach das Gefühl vermitteln können, dass Sie den anderen mit seinem Thema verstehen und bereit sind, ihn (vielleicht auch erst zu einem späteren Zeitpunkt) zu unterstützen.

Überlegen Sie sich, ob das, was Sie sagen mögen, beiden Seiten zu einer Übereinstimmung und Annäherung verhilft. Eventuell muss das Gespräch auf einen späteren Zeitpunkt vertagt werden und kann im Moment noch nicht zufriedenstellend abgeschlossen werden. Es muss auch nicht immer unbedingt ein Konsens erzielt werden. Man darf auch durchaus ohne Einigung auseinandergehen!

Wenn Sie diese Grundregeln beachten, wird das Gespräch auf jeden Fall achtsamer ablaufen als gewohnt. Geben Sie dem Gesprächspartner genug Zeit und Raum zu antworten. Lassen Sie das Gegenüber sein Gesicht wahren. Seien Sie höflich.

Übung: Mitgefühl für andere Lebewesen und die Umwelt

Kommen wir nun zu einer Erweiterung der Mitgefühlsübung von weiter oben. Hier noch einmal die Wünsche, die Sie für sich selbst üben sollten:

»*Möge ich sicher sein!*
Möge ich glücklich sein!
Möge ich gesund sein!
Möge ich mit Leichtigkeit leben!«

Es spricht nichts dagegen, das Selbstmitgefühl nun auch auf andere Wesen (und die Umwelt) auszuweiten und die »Objektwahrnehmung«, also die Wahrnehmung anderer Menschen zu vertiefen.

Die Erweiterung der Übung bezieht drei weitere Kategorien ein:

1. Menschen, die uns etwas Gutes getan haben oder die wir besonders mögen
2. Menschen, die für uns neutral sind (wir empfinden weder Zu- noch Abneigung), zum Beispiel der Briefträger
3. Menschen, die wir nicht so gerne mögen, zum Beispiel der nörgelige Nachbar

Denken Sie daran: Auch andere Menschen streben nach Glück und wollen Leid vermeiden. Wir sitzen da im selben Boot.

Beginnen wir mit dem Wohltäter oder dem geliebten Menschen. Begeben Sie sich in die Meditationshaltung und beobachten Sie Ihren Atem. Geben Sie sich etwas Zeit, um in die Übung hineinzukommen. Konzentrieren Sie sich auf Ihre Herzregion und lassen Sie Mitgefühl und Wohlwollen aufkommen. Eventuell legen Sie zur Unterstützung die Hand aufs Herz.

Lassen Sie dann vor Ihrem inneren Auge ein Bild dieses Menschen entstehen. Wiederholen Sie dann die vier Fürbitten für diesen Menschen und senden Sie ihm Ihr Wohlwollen und Ihre Güte.

» *Mögest du sicher sein!*
Mögest du glücklich sein!
Mögest du gesund sein!
Mögest du mit Leichtigkeit leben! «

Stellen Sie sich so bildlich wie möglich vor, dass Ihre guten Gedanken und Wünsche bei der anderen Person ankommen. Sollten Ihre Gedanken abschweifen, sammeln Sie sich kurz wieder mit der Aufmerksamkeit auf Ihren Atem.

Zum Schluss der Übung können Sie noch den Rest der Welt in Ihre Gedanken mit einbeziehen. Mit »allen Wesen« sind hier übrigens ausdrücklich auch Tiere und Pflanzen und unser restliches Ökosystem gemeint.

» *Mögen ich und alle Wesen sicher sein!*
Mögen ich und alle Wesen glücklich sein!
Mögen ich und alle Wesen gesund sein!
Mögen ich und alle Wesen mit Leichtigkeit leben! «

Kehren Sie dann in die Gegenwart zurück.

Als Nächstes richten wir unser Mitgefühl auf eine neutrale Person. Begeben Sie sich in die Meditationshaltung und beobachten Sie Ihren Atem. Geben Sie sich etwas Zeit, um in die Übung hineinzukommen. Konzentrieren Sie sich auf Ihre Herzregion und lassen Sie Mitgefühl und Wohlwollen aufkommen. Eventuell legen Sie wieder zur Unterstützung die Hand aufs Herz.

Lassen Sie dann vor Ihrem inneren Auge ein Bild dieses Menschen entstehen, der weder Abneigung noch Zuneigung in Ihnen hervorruft. Wiederholen Sie dann die vier Fürbitten für diesen Menschen und senden Sie ihm Ihr Wohlwollen und Ihre Güte.

» *Mögest du sicher sein!*
Mögest du glücklich sein!
Mögest du gesund sein!
Mögest du mit Leichtigkeit leben! «

Stellen Sie sich so bildlich wie möglich vor, dass Ihre guten Gedanken und Wünsche bei der anderen Person ankommen. Sollten Ihre Gedanken abschweifen, sammeln Sie sich kurz wieder mit der Aufmerksamkeit auf Ihren Atem.

Schließlich richten wir unser Mitgefühl auf eine Person, die wir nicht besonders gernhaben. Begeben Sie sich in die Meditationshaltung und beobachten Sie Ihren Atem, konzentrieren Sie sich auf Ihre Herzregion und lassen Sie Mitgefühl und Wohlwollen aufkommen. Auch jetzt können Sie zur Unterstützung die Hand aufs Herz legen. Dieser Teil der Übung fällt vielleicht am schwersten, weil man ungerne einem »Feind« etwas Gutes wünscht. Es wird daher auch empfohlen, wenn man die Übung die ersten Male durchführt, zunächst einen »kleinen« Widersacher auszuwählen und nicht einen »Erzfeind«. Machen Sie sich klar, dass auch dieser Mensch (so negativ er auch sein mag) genauso verletzlich ist wie alle anderen. Auch er oder sie ist Krankheit, Alter und Tod ausgeliefert.

Da dieser Teil der Übung am schwersten ist, gelingt er vielleicht erst nach einiger Zeit. Setzen Sie sich nicht unter Druck. Eventuell müssen Sie auch eine andere Person auswählen oder die Formulierungen anpassen oder diesen Teil der Übung erst einmal weglassen. Ziel der Übung ist es, sich im Mitgefühl für die Umwelt zu trainieren. Es geht nicht darum, Fehlverhalten nachzusehen. Sollte die andere Person sich unethisch verhalten haben, muss sie sich weiterhin dafür verantworten. Darum geht es in der Übung aber nicht.

Wiederholen Sie dann im Stillen die Sätze:

» *Mögest du sicher sein!*
Mögest du glücklich sein!
Mögest du gesund sein!
Mögest du mit Leichtigkeit leben! «

Stellen Sie sich so bildlich wie möglich vor, dass Ihre guten Gedanken und Wünsche bei der anderen Person ankommen. Sollten Ihre Gedanken abschweifen, sammeln Sie sich kurz wieder mit der Aufmerksamkeit auf Ihren Atem. Wenn negative Gefühle auftauchen, müssen Sie sich wieder sammeln und Selbstmitgefühl schenken. Halten Sie dazu kurz inne, werden Sie sich klar darüber, dass sie im Moment abgelenkt sind. Seien Sie nicht streng zu sich, versuchen Sie die wertfreie Grundhaltung, die Sie aus früheren Übungen kennen, einzunehmen. Warten Sie, ob sich das Gefühl verändert und wieder in den neutralen Bereich wandert. Es kann bei einem besonders starken negativen Gefühl auch in Ordnung sein, die Übung ganz zu unterbrechen und erst etwas anderes zu machen. Erst, wenn Sie sich einigermaßen »gefangen haben«, können Sie wieder zu der Vorstellung der anderen Person zurückkehren. Zum Schluss der Übung können Sie wieder den Rest der Welt in Ihre Gedanken mit einbeziehen:

» *Mögen ich und alle Wesen sicher sein!*
Mögen ich und alle Wesen glücklich sein!
Mögen ich und alle Wesen gesund sein!

Mögen ich und alle Wesen mit Leichtigkeit leben! «

Wenn Ihnen die vier traditionellen Sätze zu altmodisch klingen, können Sie auch gerne Ihre eigenen Formulierungen finden. Wichtig ist, dass die Sätze kurz und knapp formuliert sind und etwas Wohlwollendes für die andere Person beinhalten.

Öffnen Sie dann Ihre Augen.

Übung: achtsam zuhören und sprechen

Im Folgenden stelle ich Ihnen noch eine Partnerübung vor, die Sie mit einem Familienangehörigen oder Freund machen können. Idealerweise wählen Sie jemanden, der sich mit Achtsamkeitsübungen auskennt. Sie benötigen dazu einen Timer (zum Beispiel Ihr Handy).

Nachdem Sie für Ruhe und Störungsfreiheit gesorgt haben, setzen Sie sich einander gegenüber. Stellen Sie den Timer auf fünf Minuten. Da es ein Übungsgespräch ist, kann der Inhalt zunächst etwas Triviales sein. Später, wenn Sie die Übung kennen, können Sie auch ein »schwierigeres« Thema nehmen. A spricht für fünf Minuten. B hört einfach nur zu, ohne zu antworten, allerdings so achtsam wie möglich, ohne zu bewerten. Wichtig ist, dass auch A möglichst achtsam ist, wenn er oder sie spricht. Das Thema ist, wie gesagt, zunächst egal und kann positiv, negativ oder neutral sein. Wenn A fertig ist, sagt B: »Danke fürs Mitteilen.« Nicht mehr.

Dann werden die Rollen getauscht. Jetzt spricht B für fünf Minuten (Timer neu starten) und A hört nur zu, ohne etwas zu entgegnen. Die Haltung von A beim Zuhören ist achtsam, mitfühlend, wohlwollend und so wertungsfrei wie möglich. Parallel achten Sie dabei so weit wie möglich auf Ihre Atmung und Körperreaktionen.

Im dritten Teil der Übung (wieder fünf Minuten) findet dann eine eher klassische Konversation statt, das heißt, es geht im Dialogstil hin und her. Beide dürfen zuhören und sprechen wie in einem normalen Gespräch, allerdings unter Berücksichtigung der oben aufgeführten Prinzipien und von allem, was zuvor zu dem Thema gesagt wurde. Die Haltung von A und B beim Zuhören und Sprechen ist dabei so achtsam, mitfühlend, wohlwollend und so wertungsfrei wie möglich.

Danach können Sie beide noch kurz reflektieren, was bei dieser Art von Dialog anders war als bei einer »üblichen« Diskussion. Haben Sie einen Unterschied bemerkt? Wenn ja, welchen?

Das war es auch schon mit unserem Ausflug in die achtsame Kommunikation.

Das Zehn-Wochen-Programm

Wie planen Sie Ihr Achtsamkeitstraining sinnvoll? In diesem Kapitel bekommen Sie einige Anregungen, wie Sie ihre Reflexions- und Meditationsübungen in Ihren Alltag integrieren können.

Sie können das Buch einfach nur durchlesen und die eine oder andere Übung ausprobieren, um das jeweilige Oberthema besser zu verstehen. Wenn Sie aber über ein rein intellektuelles Verständnis hinausgehen wollen, sollten Sie sich die Zeit nehmen, um die Kapitel systematisch durchzuarbeiten. In jedem Kapitel steht am Anfang die eher analytische Meditation, also die Reflexion zum Thema. Im Anschluss folgen die eigentlichen Achtsamkeitsübungen.

Die Reflexionen müssen Sie zum Teil nur einmal durcharbeiten und sich dazu Notizen machen, zum Beispiel die Klärung Ihrer Werte, die Übersicht auf Ihrer Time-Line oder die Klärung Ihres Gesundheitsstatus. Auch Ziele müssen Sie nicht ständig wiederholen, obwohl es nicht schaden kann, sie regelmäßig »upzudaten« und anzupassen. Andere Reflexionen müssen Sie mehrfach wiederholen. Im Verlauf Ihrer Entwicklung ergeben sich eventuell neue zusätzliche Aspekte und Sie werden immer wieder andere Schwerpunkte setzen, abhängig von Ihren Erfahrungen. Legen Sie sich ein Notizbuch an und aktualisieren Sie Ihre Mitschriften regelmäßig.

Einige Übungen sind eher analytisch und Sie nutzen mehr Ihren Verstand. Andere sind eher »klassische« konzentrative Meditationen. Im Kapitel über Ziele und Werte sind zum Beispiel nur Nachdenkaufgaben und keine Meditationen aufgeführt. Die Liste, die Sie dort erarbeiten, benötigen Sie aber später für die anderen Übungen. Die Reflexion zur achtsamen Kommunikation ist auch eher eine Erläuterung von Prinzipien, die Sie aber verstanden haben müssen für die folgenden Übungen.

Manche Übungen sind inhaltlich ähnlich und überschneiden sich. Eventuell kommt es Ihnen auch so vor, dass sich Übungen wiederholen. Die Konzentration auf den Körper, Gedanken und Gefühle taucht zum Beispiel mehrfach auf. Die Schwerpunkte in den Übungen sind dabei aber unterschiedlich gesetzt. Zum Teil enthalten die Übungen auch absichtlich eine Wiederholung, um einige Aspekte zu vertiefen. Das sollte Sie aber nicht irritieren!

Nehmen Sie sich für jedes Kapitel je eine Woche Zeit und wiederholen Sie die Meditationsübungen mehrmals – so kommen Sie auf ein zehnwöchiges Achtsamkeitstraining. Da die Kapitel unterschiedlich viele Übungen enthalten, können Sie auch welche aus der Vorwoche wiederholen, wenn Sie Zeit und Raum dafür haben. Oder Sie lassen sich auch einmal zwei Wochen Zeit für ein Thema, wenn es viele Übungen sind. Sie werden zunächst den reinen Übungsablauf erfassen müssen. Das reine Erlernen und Begreifen des Ablaufes kostet zunächst etwas Zeit. Die Übungen werden nicht sofort gelingen und der Sinn von einigen Übungen wird sich Ihnen auch erst nach einiger Zeit erschließen. Seien Sie geduldig und lassen Sie sich nicht frustrieren!

Danach können die Übungen vertieft werden. Sie werden je nach Tagesform leichter oder schwerer in die Übungen hineinkommen. Es wird Übungen geben, die Ihnen leichterfallen als andere, und solche, die Sie lieber oder nicht so gerne mögen. Zunächst sollten Sie aber alle einmal ausprobiert haben und kennen.

Wenn man übt, durchläuft man oft drei Phasen: die Honeymoon-Phase, in der man von der Übung sehr angetan ist, dann aber die Desillusionierung, weil man sich mehr davon erhofft hat, und zuletzt die realistische Einschätzung der Übung, in der man sie gut in ihrer Wertigkeit einordnen kann. Erinnern Sie sich hier auch an die Übung zu den fünf Hindernissen.

Später, wenn Sie das Buch durchgearbeitet haben, gehen Sie zu Ihrem persönlichen »Freestyle« über. Das heißt, Sie können die Übungen dann beliebig miteinander kombinieren. Sie haben die Möglichkeit, nach Gusto ein paar Ihrer Lieblingsübungen zu machen, oder Sie wollen vielleicht zu einem bestimmten Schwerpunktthema üben, also zum Beispiel zu Akzeptanz, Optimismus oder Mitgefühl. Dann wählen Sie einfach die Übungen aus dem jeweiligen Kapitel aus.

Mit Lieblingsübungen meine ich übrigens nicht, dass Sie Übungen vermeiden sollen, die Ihnen nicht gefallen. Achtsamkeitstraining ist kein »Wunschkonzert«. Sie müssen unterscheiden, ob Sie

Übungen ausweichen oder ob sie Ihnen einfach nicht liegen oder gerade nicht zur Situation passen. Das ist ein Unterschied. Eventuell liegt gerade in einer Übung, die Sie nicht so sehr mögen, sehr viel Potenzial.

Sie müssen schließlich ein Gespür dafür entwickeln, welche Übung gerade zur jeweiligen Situation und zu Ihrer jeweiligen Stimmung passt und welche Ihrer Aufzeichnungen aus den Reflexionen und analytischen Meditationen Sie zurate ziehen. Wenn Sie die Übungen kennen und verinnerlicht haben, dürfte das nicht weiter schwer sein.

Übungsübersicht

Selbstreflexion als Wachstumschance
- Achtsamkeit auf den Atem und die richtige Sitzposition (Seite 33)
- Achtsamkeit auf den Körper (Bodyscan) (Seite 36)
- Achtsamkeit auf Empfindungen und Gefühle (Seite 36)
- Beobachten der Gedanken (Seite 38)
- Die fünf Hindernisse (Seite 39)

Akzeptanz von Veränderung
- Nicht reagieren (ohne Thema) (Seite 46)
- Nicht reagieren (mit Thema) (Seite 48)
- Schmerzen (Seite 49)
- Ängste (Seite 50)
- Affirmationen (Seite 51)

Krisen als beherrschbar einstufen
- Blätter (Seite 59)
- Busbahnhof (Seite 61)

Den Überblick bewahren
- Gefühle benennen und klar trennen (Seite 66)
- Kinotechnik (Seite 67)
- Gefühl als Objekt (Seite 68)

Proaktiv sein und handeln
- Gedankenbeobachtung (Seite 72)
- Den Denkprozess herunterbrechen (Seite 74)
- Gefühle und Gedanken im Wechsel (Seite 75)

Zielstrebig agieren
- Gehmeditation (Seite 88)

Ein positives Selbstbild fördern
- Selbstmitgefühl (Seite 98)

Selbstfürsorge betreiben
- Metta-Meditation (Seite 105)

Optimistisch bleiben
- Drei positive Dinge (Seite111)
- Gleichmut (Seite 111)
- Linsen (Seite 112)
- Genügsamkeit (Seite 114)

Netzwerke und soziale Unterstützung
- Mitgefühl für andere Lebewesen und die Umwelt (Seite 123)
- Achtsam zuhören und sprechen (Seite 127)

Wenn Sie alle Kapitel durchgeforstet haben, haben Sie viele Erkenntnisse gewonnen und sind sich über vieles klarer geworden. Heben Sie Ihre Notizen dazu möglichst auf. Vielleicht möchten Sie sie nach einiger Zeit noch einmal lesen oder auch die ein oder andere Reflexion wiederholen. Darüber hinaus haben Sie diverse klassische Meditationsübungen kennengelernt, die Sie vielleicht in Zukunft öfter anwenden möchten.

Der limitierende Faktor ist natürlich dabei Ihre Zeit bzw. die Zeit, die Sie investieren wollen und können. Wenn Sie einen Überblick gewonnen haben, bauen Sie sich idealerweise eine Meditations-Routine. Wir erinnern uns: Es dauert ungefähr 66 Tage im Mittel, sich etwas Neues anzugewöhnen. Also Geduld!

Es gibt ein paar formelle »Kernübungen«, die Sie in eine Routine einfügen sollten:

- der Bodyscan (inneres Abtasten) oder die Wahrnehmung der Körperempfindungen
- die Aufmerksamkeit auf die Sinne (Hören, Sehen, Schmecken, Riechen)
- die Aufmerksamkeit auf den Atem
- die Aufmerksamkeit auf die Gedanken
- die Aufmerksamkeit auf die Gefühle
- die Aufmerksamkeit auf Meditationshindernisse
- die offene Aufmerksamkeit auf das, was ins Bewusstsein tritt, ohne es vorher auszusuchen (offenes Gewahrsein)
- die Meditation im Gehen
- Selbstmitgefühl, also Herzensgüte für sich selbst
- Herzensgüte für die Umwelt
- Meditation in Bewegung wie Yoga, Tai-Chi, Qigong oder Feldenkrais – probieren Sie verschiedene Bewegungsformen aus und wählen Sie, was Ihnen guttut.

Dann gibt es noch die informelle Meditation im Alltag (Körperpflege, Waschen, Putzen, den Haushalt machen, Schriftverkehr erledigen, Zeit am Computer, Checken von Nachrichten, Einkaufen, Fahrtwege, Wege zu Fuß, Achtsamkeit in Gesprächen, Achtsamkeit bei der Arbeit, Achtsamkeit in der Freizeit usw.). Einfach ausgedrückt können Sie versuchen, während des ganzen Tagesverlaufs so achtsam wie möglich zu sein, und nicht nur, wenn Sie auf dem Meditationskissen sitzen.

Das Minimum an Zeit für eine Session sollte 15 Minuten sein, das Maximum eine Stunde. Dadurch ergeben sich vier Zeitfenster: 15 Minuten, 15 bis 30 Minuten, 30 bis 45 Minuten und 45 bis 60 Minuten. Bei wenig Zeit reicht ein »Quickie« von 15 Minuten. Bei viel Zeit, zum Beispiel am Wochenende, können Sie eine Stunde am Stück üben. Die Übungen können auch auf eine Morgen- und Abend-Session aufgeteilt werden, zum Beispiel 2 × 15 oder 2 × 30 Minuten, oder morgens kurz, abends lang. Fragen Sie sich selbst, welches Schema am besten in Ihre Tagesabläufe hineinpasst.

Ein Meditationsanfänger startet erst einmal mit 15 Minuten. Nach einer alten Regel meditiert man dann jeden Tag eine Minute länger. So ist man nach einem Monat bei 45 Minuten am Stück. Man muss sich also erst daran gewöhnen. Das braucht Zeit.

Wenn Sie ein großes Zeitfenster einplanen, können Sie Übungen kombinieren. Nehmen wir an, Sie haben 30 Minuten Zeit: Dann können Sie zum Beispiel 15 Minuten Sitzmeditation und 15 Minuten Gehmeditation machen. Bei 60 Minuten gingen zum Beispiel 30 Minuten Yoga (Yoga ist sehr gut mit Achtsamkeitsmeditation kombinierbar) und 15 Minuten Gehmeditation sowie als Tagesausklang 15 Minuten Sitzmeditation. Auch kurze Minimeditationen im Tagesverlauf sind natürlich erwünscht, das heißt zwischendurch kurz innehalten und auf den Atem achten, auch wenn es nur wenige Minuten sind.

Wenn Sie einfach nur sitzen, ist natürlich die Frage, was der Inhalt der Meditation sein soll, also worauf der Fokus liegt: zum Beispiel Gedanken, Empfindungen, Gefühle, Akzeptanz oder einfach nur die Atmung? Das können Sie sich vorher überlegen und einen Schwerpunkt setzen. Oder Sie gehen ganz ohne Ziel in die Übung und warten ab, was »kommt«. Probieren Sie es einfach aus. Sie können auch in einer Sitzung mehrere Schwerpunkte kombinieren, zum Beispiel Aufmerksamkeit auf den Körper und Gefühle und Gedanken im Wechsel. In der Tabelle finden Sie einige Beispiele und Vorschläge. Sie müssen auch nicht jeden Tag meditieren, wobei eine gewisse Regelmäßigkeit von Vorteil ist. Sie können auch unterschiedlich lange Sessions auf die Woche verteilen.

Wenn Sie einmal einen ganzen Tag in Achtsamkeit verbringen möchten, sollten Sie vorher alle Übungen ausprobiert haben und einigermaßen kennen. An einem Wochenende oder freien Tag können Sie dann mehrere Übungen mit Pausen über den ganzen Tag verteilen. Wichtig ist, dass Sie sich an so einem Tag sonst nichts anderes vornehmen und im wahrsten Sinne des Wortes sonst »nichts tun«.

Langsam wird sich so eine Routine entwickeln. Sie werden die Themen immer tiefer durchdringen und mit etwas Glück, Fleiß und Unterstützung durch Ihr Umfeld werden Sie sich weiterentwickeln in Richtung mehr Resilienz.

10-Wochen-Programm (Beispiel)

Woche/ Thema	Art der Übung	Wenig Zeit: 25–30 Minuten	Viel Zeit: 45–60 Minuten (eine Übung wählen)	Viel Zeit: 45–60 Minuten (mehrere Übungen)
Woche 1 – Selbstreflexion	Reflexion	Orientierende Bestandsaufnahme	Bestandsaufnahme – Vertiefung	Bestandsaufnahme vertieft mit Notizen
	Meditation	Achtsamkeit auf den Atem	Bodyscan oder Beobachten der Gedanken oder Fünf Hindernisse usw.	15 Minuten Bodyscan 30 Minuten Achtsamkeit auf Empfindungen und Gefühle
Woche 2 – Akzeptanz	Reflexion	No-Gos und Einflussmöglichkeiten	No-Gos und Einflussmöglichkeiten	No-Gos und Einflussmöglichkeiten vertieft mit Notizen
	Meditation	Nicht reagieren oder Affirmationen	Schmerzen	15 Minuten Ängste 30 Minuten Schmerzen
Woche 3 – Beherrschbarkeit von Krisen	Reflexion	Stressresistenz	Kohärenz von Stresssituationen	Stressresistenz vertieft mit Notizen
	Meditation	Blätter	Busbahnhof	15 Minuten Blätter 30 Minuten Busbahnhof
Woche 4 – Überblick bewahren	Reflexion	Es geht alles vorbei	Timeline	Timeline vertieft mit Notizen
	Meditation	Gefühle benennen	Kinotechnik	15 Minuten Kinotechnik 30 Minuten Gefühl als Objekt
Woche 5 – Proaktiv sein	Reflexion	Vermeidung	Vorbereitung des achtsamen Handelns	Vermeidung vertieft mit Notizen

Woche/ Thema	Art der Übung	Wenig Zeit: 25–30 Minuten	Viel Zeit: 45–60 Minuten (eine Übung wählen)	Viel Zeit: 45–60 Minuten (mehrere Übungen)
	Meditation	Gedankenbeobachtung	Denkprozess herunterbrechen	15 Minuten Gedankenbeobachtung 30 Minuten Denkprozess herunterbrechen
Woche 6 – Zielstrebig agieren	Reflexion	Intelligente Ziele	Intelligente Ziele vertieft	Werte klären und priorisieren
	Meditation	Gehmeditation	Gehmeditation	15 Minuten Meditation im Sitzen (allgemein) 30 Minuten Meditation im Gehen
Woche 7 – Positives Selbstbild	Reflexion	Selbstmitgefühl entwickeln	Freundschaft mit Gefühlen, dem Körper, der Umwelt	Selbstmitgefühl vertieft mit Notizen, Unterbrechung von Selbstschädigung
	Meditation	Selbstmitgefühl	Selbstmitgefühl	15 Minuten Sitzmeditation 30 Minuten Selbstmitgefühl
Woche 8 – Selbstfürsorge betreiben	Reflexion	Gesundheit und Lifestyle	Gesundheit und Lifestyle	Gesundheit und Lifestyle, vertieft mit Notizen
	Meditation	Metta-Meditation	Metta-Meditation	15 Minuten Sitzmeditation 30 Minuten Metta-Meditation
Woche 9 – Optimismus	Reflexion	Prinzipien des Optimismus	Selbstwirksamkeit	Prinzipien des Optimismus vertieft mit Notizen
	Meditation	Drei positive Dinge	Gleichmut	15 Minuten Gleichmut 30 Minuten Genügsamkeit
Woche 10 – Netzwerke	Reflexion	Das soziale Netz	Achtsam kommunizieren	Das soziale Netz vertieft mit Notizen
	Meditation	Mitgefühl für andere Lebewesen	Achtsam zuhören und sprechen	15 Minuten Mitgefühl 30 Minuten achtsam zuhören und sprechen

Woche/ Thema	Art der Übung	Wenig Zeit: 25–30 Minuten	Viel Zeit: 45–60 Minuten (eine Übung wählen)	Viel Zeit: 45–60 Minuten (mehrere Übungen)
Woche 11 und danach – Freestyle	Reflexion, Wiederaufnahme eines der zehn Leitthemen	Beliebiges Thema vertiefen	Offene Fragen – Ergänzung	Bestandsaufnahme vertieft mit Notizen
	Meditation	Gehmeditation oder beliebige andere »Kernübung«	Selbstmitgefühl oder andere »Kernübung«	zum Beispiel: 15 Minuten Bodyscan 30 Minuten Achtsamkeit auf Gefühle und Gedanken oder anderes Thema

Epilog

Die Reise ist zu Ende – Sie müssen nun allein weitergehen.

Nun sind wir vorerst am Ende unserer Reise angekommen. Wenn alles geklappt hat, dann können Sie sich jetzt selbst etwas besser einschätzen und nehmen Krisen zumindest zum Teil als eine Möglichkeit zu wachsen wahr. Es fällt Ihnen leichter, Veränderungen zu akzeptieren. Sie sind selbstbewusster im Umgang mit Krisen und trauen sich ihre Bewältigung zu. Sie bewahren den Überblick und können verschiedene Standpunkte einnehmen. Sie ziehen sich nicht ins Schneckenhaus zurück, sondern handeln und werden aktiv, soweit dies möglich ist. Sie sind zielorientiert und proaktiv anstatt passiv und im Selbstmitleid gefangen. Sie haben ein positives Selbstbild von sich und betreiben Selbstfürsorge. Sie lieben sich selbst im gesunden, angemessenen Maße und Sie bleiben optimistisch und humorvoll trotz aller Widrigkeiten. Sie haben Netzwerke gebildet und holen sich soziale Unterstützung, wenn Sie an Ihre Grenzen stoßen.

Sie machen also alles richtig im Sinne der Resilienzförderung. Aber das ist noch nicht alles. Je mehr Sie in die Welt der Achtsamkeit eintauchen, desto mehr entwickeln Sie Ihre Fähigkeit zu Mitgefühl und Weisheit, Ausgeglichenheit und Lebensfreude. Und auch wenn das ziemlich »gewichtige« Worte sind, die vielleicht etwas schwülstig klingen, können Sie sich darauf verlassen, dass Sie auf einem historischen Pfad wandeln, den schon der Buddha vor 2500 Jahren eingeschlagen hat und der bis heute fortbesteht. Sie befinden sich also in guter Gesellschaft. Ich wünsche Ihnen viel Erfolg auf Ihrem Weg!

Service

Internetadressen:

Deutsch

Thich Nhat Hanh (Zen-Lehrer): https://www.intersein-zentrum.de/footer/links.html

Deutsches Resilienz Zentrum: https://www.drz-mainz.de

Ulrich Ott (Meditationsforscher): http://www.uni-giessen.de/fbz/fb06/psychologie/weitere-inst/bion/ags/agasc/ott

Verband deutscher MBSR-Lehrer: http://www.mbsr-verband.de

Englisch

Insight Meditation Society: https://www.dharma.org

Mind & Life Institute: https://www.mindandlife.org

Spirit Rock Insight Meditation Center: https://www.spiritrock.org

American Psychological Association (APA): http://www.apa.org/helpcenter/road-resilience.aspx

Bücher:

Deutsch

Berndt, Christina: **Resilienz – Das Geheimnis der psychischen Widerstandskraft**, München, dtv, 2015

Emet, Joseph: **Buddhas Buch der Gelassenheit**, München, Lotos, 2014

Fröhlich-Gildhoff, Klaus und Rönnau-Böse, Maike: **Resilienz**, München, UTB Ernst Reinhardt Verlag, 4. Auflage, 2015

Germer, Christopher: **Der achtsame Weg zum Selbstmitgefühl**, Freiburg, Arbor, 2. Auflage, 2017

Harris, Russ: **ACT leicht gemacht**, Freiburg, Arbor, 2. Auflage, 2014

Kabat-Zinn, Jon: **Gesund durch Meditation**, München, Knaur, 2011

Englisch

Hanson, Rick: **Resilient – Find your inner strength**, London, Penguin, 2018

Reivich, Karen und Shatté, Andrew: **The Resilience Factor**, New York, Three Rivers Press, 2003

Register

A
Achtfacher Pfad 53
– Meditation 53, 55
– Sittlichkeit 53, 54
– Weisheit 53, 54
Achtsamkeit
– Definition 14
– Grundprinzipien 15
Achtsamkeitsbasierte Stressreduktion 17
Achtsamkeitsmeditation 15, 18, 19, 119
Achtsamkeitsphilosophie 53, 57, 82, 83, 88
Achtsamkeitstest 16
Achtsamkeitstraining 128, 129
Affirmationen 51
Akzeptanz 12, 14, 15, 17, 18, 42, 43, 44, 45, 46, 49, 51, 57, 111
American Psychological Association 12, 24, 26
Ängste 50
Antonovsky, Aaron 25, 58
Autogenes Training 94, 103
Automatisierung 15

B
Bindung 117
Blick, weicher 33
Bodyscan 36, 88, 131
Buddha 14, 39, 43, 52, 105, 115
Buddhismus 15, 111, 115

D
Depressionen 14, 19
Desidentifizierung 57
Dezentrierung 57, 73
Drogen 71, 83, 97, 101, 103, 117

E
Emotionsregulierung 19, 98
Ernährung 102
Ethik 21, 54

F
Freundschaften 120
fünf Hindernisse 39, 41

G
Gebote der Achtsamkeit 21, 83, 116
Gehmeditation 88
Genügsamkeit 114, 115
Gewohnheiten 104
Gleichmut 7, 21, 41, 111, 112
Glücksforschung 25

H
Handeln, achtsames 76
Handlungsplan 76
Herzensgüte 105

I
Ingham, Harry 29

J
Johari-Fenster 29

K
Kabat-Zinn, Jon 17
Karma 82
Kauai-Studie 10
Kohärenz 58
Kohärenzgefühl 25
Kommunikation, achtsame 121, 129
Körpersinn 37
Körperwahrnehmung 19, 30, 36, 88

L
Langzeitperspektive 62
Lazarusmodell 55
Lazarus, Richard 55
Leiden (Buddhismus) 43
– Leiden der Bedingtheit 43
– Leiden der Veränderung 43
– Leiden des realen Schmerzes 43
Luft, Joseph 29

M
Maslow, Abraham 24
Meditation, informelle 131
Meditation, konzentrative 33, 38, 77, 88
Meditationshaltung 33
Metta 105
Midlifecrisis 32

N
Negativität 15, 21, 51
Netzwerke 116

O
Optimismus 12, 53, 63, 108, 109, 112, 114, 115

P
Peterson, Christopher 25
positive Psychologie 24, 25
Prochaska, James 104
Prochaska-Modell 104
Pro-und-kontra-Liste 57

R
Reflexion 32, 45, 55, 58, 63, 64, 71, 72, 76, 80, 84, 86, 92, 93, 94, 95, 96, 97, 102, 109, 110, 120, 121, 128
Reivich, Karen 12
Religion 71, 85, 96
Resilienzfaktoren 12, 24, 26
Resilienztest 13
Risikofaktoren 11

S
Salutogenese 25
Schmerzen 49
Schutzfaktoren 10, 11
Selbstbild 26, 31, 90
Selbsteinschätzung 12, 28
Selbsterfahrung 28, 39
Selbsterkenntnis 39, 40
Selbstfürsorge 26, 100, 104, 105
Selbstliebe 7, 25, 26, 90, 91, 96
Selbstmitgefühl 18, 90, 91, 92, 93, 94, 96, 97, 98, 106, 123, 126, 131
Selbstreflexion 26, 28, 29, 30
Selbstschädigung 97
Selbsttest 13
Selbstwirksamkeit 110, 111

Selbstwirksamkeitserwartung 11, 109
Seligman, Martin 25, 108
Shatté, Andrew 12
SMART-Formel 79, 80, 86
soziale Kompetenz 11, 12, 118, 119
soziale Kontakte 84, 120, 121
soziales Netz 116, 120
Spiritualität 84, 85, 96
Sport 55, 64, 71, 79, 85, 86, 100, 101, 102, 104, 105
Sprechen, achtsames 121, 127
Stressbewältigung 12, 14, 100, 101

T
Time-Line 64
Trauerphasen 42
Tugendhaftigkeit 54
Twain, Mark 109

V
VUCA 19

W
Wechselfälle 52
Werner, Emmy 10, 12, 24
Werte 7, 26, 31, 81, 82, 83, 84, 85, 86, 96, 128
Wohlfühlmomente 94

Y
Yoga 17, 68, 94, 101, 131

Z
Ziele, intelligente 80
Zielorientierung 78
Zuhören, achtsames 121, 127

Bibliografische Information der Deutschen Nationalbibliothek
Die Deutsche Nationalbibliothek verzeichnet diese Publikation in der Deutschen Nationalbibliografie; detaillierte bibliografische Daten sind im Internet über http://dnb.d-nb.de abrufbar.

Programmplanung: Celestina Filbrandt
Projektmanagement: Annalena Müller
Redaktion: Alexandra Rodeck
Bildredaktion: Christoph Frick
Umschlaggestaltung und Innen-Layout: CYCLUS Visuelle Kommunikation, Stuttgart

Bildnachweis:
Umschlagfoto: CYCLUS Visuelle Kommunikation, Stuttgart, modifiziert nach momojung – shutterstock.com
Zeichnungen: Grafikbüro Schaaf, Germersheim

1. Auflage 2019

Printed in Germany

Satz und Repro: Reemers Publishing Services GmbH
gesetzt in Adobe Indesign CC 2019
Druck: AZ Druck- und Datentechnik, Kempten

Gedruckt auf chlorfrei gebleichtem Papier

ISBN 978-3-432-10891-9
Auch erhältlich als E-Book:
eISBN (ePub) 978-3-432-10892-6

1 2 3 4 5 6

Wichtiger Hinweis: Wie jede Wissenschaft ist die Medizin ständigen Entwicklungen unterworfen. Forschung und klinische Erfahrung erweitern unsere Erkenntnisse. Ganz besonders gilt das für die Behandlung und die medikamentöse Therapie. Bei allen in diesem Werk erwähnten Dosierungen oder Applikationen, bei Rezepten und Übungsanleitungen, bei Empfehlungen und Tipps dürfen Sie darauf vertrauen: Autoren, Herausgeber und Verlag haben große Sorgfalt darauf verwandt, dass diese Angaben dem Wissensstand bei Fertigstellung des Werkes entsprechen. Rezepte werden gekocht und ausprobiert. Übungen und Übungsreihen haben sich in der Praxis erfolgreich bewährt.

Eine Garantie kann jedoch nicht übernommen werden. Eine Haftung des Autors, des Verlags oder seiner Beauftragten für Personen-, Sach- oder Vermögensschäden ist ausgeschlossen.

Geschützte Warennamen (Warenzeichen®) werden nicht besonders kenntlich gemacht. Aus dem Fehlen eines solchen Hinweises kann also nicht geschlossen werden, dass es sich um einen freien Warennamen handelt.

Datenschutz
Wo datenschutzrechtlich erforderlich, wurden die Namen und weitere Daten von Personen redaktionell verändert (Tarnnamen). Dies ist grundsätzlich der Fall bei Patienten, ihren Angehörigen und Freunden, z. T. auch bei weiteren Personen, die z. B. in die Behandlung von Patienten eingebunden sind.

Natur statt Stress

Eva Robild
Grüne Pausen für die Seele
€ 19,99 [D] / € 20,60 [A]
ISBN 978-3-432-10676-2

Maren Schneider
Waldmeditation (Audio-CD)
€ 12,99 [D]* / € 12,99 [A]*
ISBN 978-3-432-11006-6

Sholto Radford
Gehen
€ 9,99 [D] / € 10,30 [A]
ISBN 978-3-432-10769-1

*unverbindl. Preisempfehlung

Im Garten sein macht lebensglücklich

Wir lieben ihn, unseren Garten, in dem wir nach Herzenslust werkeln, gestalten und abschalten können. Mit diesem Buch wird der Garten zum seelenstärkenden Kraftplatz, der dabei hilft, Krisen besser zu bewältigen, Resilienz zu entwickeln und eine gute Work-Life-Balance aufzubauen. Die Autorinnen bedienen sich dazu vielfach erprobter Methoden, geben inspirierende Tipps und laden zu Meditationen ein.

Renate Polz, Claudia Reshöft
Mit dem Garten die Seele stärken
€ 24,99 [D] / € 25,70 [A]
ISBN 978-3-432-10835-3
Auch als E-Book

Bequem bestellen über
www.trias-verlag.de
versandkostenfrei
innerhalb Deutschlands

Dr. Libby bei Trias:

Mehr Schwung – mehr Gelassenheit

Dr. Libby Weaver
Energiegeladen statt dauermüde
€ 16,99 [D] / € 17,50 [A]
ISBN 978-3-432-10430-0

Alle Titel auch als E-Book

Dr. Libby Weaver
Stoffwechselgeheimnis
€ 16,99 [D] / € 17,50 [A]
ISBN 978-3-432-10927-5

Bequem bestellen über
www.trias-verlag.de
versandkostenfrei
innerhalb Deutschlands

Foto: © Ina Zabel

Dr. Libby Weaver
Das Rushing Woman Syndrom
€ 19,99 [D] / € 20,60 [A]
ISBN 978-3-432-10433-1

Dr. Libby Weaver
Wunderbar weiblich
€ 19,99 [D] / € 20,60 [A]
ISBN 978-3-432-10518-5

Libby Weaver
Was soll ich eigentlich essen?
€ 19,99 [D] / € 20,60 [A]
ISBN 978-3-432-10755-4